云冈石窟窟前遗址 考古发掘报告 ⊜

云 冈 研 究 院
山西省考古研究院 编著
大 同 市 博 物 馆

文物出版社

Report on the Archaeological Excavation of the Pre-Cave Site of Yungang Grottoes (III)

Yungang Academy

Shanxi Provincial Institute of Archaeology

Datong Municipal Museum

Cultural Relics Press

彩版目录

1.第 1、2 窟前遗址发掘前原貌（从西向东）

2.第 1、2 窟前遗址发掘前原貌（从南向北）

3.第 1、2 窟前遗址发掘前原貌（从东向西）

彩版一　第 1、2 窟前遗址发掘前原貌

1. 第 1、2 窟前遗址发掘探方（由东向西）

2. 第 1、2 窟前遗址发掘探方（由东北向西南）

彩版二　第 1、2 窟前遗址发掘探方

1. 隋五铢 1993T205 ③：1

2. 开元通宝 1993T204 ②：1

3. 辽金 A 型兽面纹瓦当 1993T204 ②：3

4. 辽金 Aa 型卷沿陶盆 1993T101 ③：1

5. 辽金陶罐 1993T204 ②：4

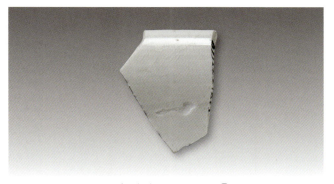

6. 辽金白釉碗 1993T101 ②：10

7. 辽金白釉碗残片 1993T203 ②：4

8. 黑釉碗 1993T205 ①：3

彩版三　第 1、2 窟前地层出土隋唐与辽金时期遗物

1. 茶叶末釉瓶 1993T102 ②: 3

2. 三彩瓶 1993T203 ②: 6

3. 祥符元宝 1993T101 ②: 5

4. 天圣元宝 1993T101 ②: 2

5. 皇宋通宝 1993T101 ②: 3

6. 至和元宝 1993T205 ①: 1

7. 熙宁元宝 1993T205 ②: 1

8. 嘉祐通宝 1993T101 ②: 8

9. 元符通宝 1993T101 ②: 4

10. 元祐通宝 1993T101 ②: 7

11. 圣宋元宝 1993T101 ②: 6

12. 至道元宝 1993T101 ②: 1

彩版四　第 1、2 窟前地层出土辽金时期遗物

1. 陶水管 1993T101 ②: 13

2. 陶水管 1993T101 ②: 14

3.A 型白釉褐彩碗 1993T203 ②: 7

4. 琉璃香炉 1993T205 ②: 3

5. 乾隆通宝 1993T102 ②: 1

6. 道光通宝 1993T204 ②: 2

7.A 型铁凿 1993T101 ②: 11

8.B 型铁凿 1993T101 ②: 12

彩版五　第 1、2 窟前地层出土明清时期遗物

1.1919 年第 3、4 窟外貌（由西南向东北，山本明拍摄）

2.1923 年第 3、4 窟外貌（由南向北，岩田秀则拍摄）

彩版六　20 世纪初第 3 窟遗迹

1.1939年第3、4窟外貌（由西南向东北，水野清一等拍摄）

2.20世纪50～60年代第3、4窟外貌（由西南向东北）

彩版七　20世纪30～60年代第3窟遗迹

1.20 世纪 80 年代第 3 窟状况

2.20 世纪 80 年代第 3 窟外景东侧

彩版八 20 世纪 80 年代第 3 窟遗迹

1.1993 年第 3 窟前发掘前
原貌（由西南向东北）

2.1993 年第 3 窟前发掘前
原貌（由东南向西北）

3.1993 年第 3 窟前西侧发
掘前原貌（由南向北）

彩版九　1993 年第 3 窟前发掘前原貌

1.1993 年第 3 窟东前室北壁门
道发掘前原貌（由南向北）

2.1993 年第 3 窟东前室东
侧发掘前原貌（由西向东）

3.1993 年第 3 窟西前室西
侧发掘前原貌（由东向西）

彩版一〇　1993 年第 3 窟发掘前原貌

1.1993 年第 3 窟发掘探方

2.1993 年第 3 窟前发掘探方（由北向南）

彩版一一　1993 年第 3 窟发掘现场

2. 第 3 窟前采石区 1 ～ 12 遗迹（由西向东）

1. 第 3 窟前采石区 1 ～ 12 遗迹（由西向东）

3. 第 3 窟前采石区 7 遗迹（由西向东）

彩版一二　第 3 窟前北魏时期采石区

1. 第3窟前采石区5～8（CSQ5～8）遗迹（由北向南）

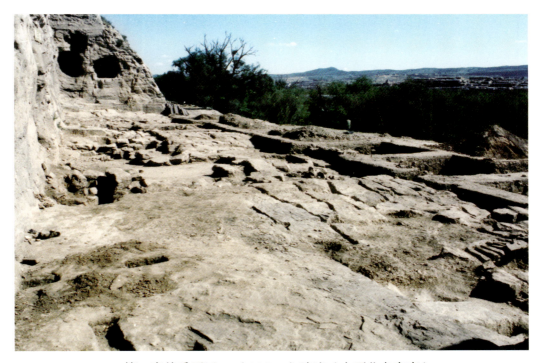

2. 第3窟前采石区11（CSQ11）遗迹（由西北向东南）

彩版一三　第3窟前北魏时期采石区

1. 第3窟东前室东侧曲尺形通道南侧的采石区 13 （CSQ13）遗迹（由西向东）

2. 第3窟东前室北壁甬道采石区 14（CSQ14）遗迹 （由南向北）

3. 第3窟东前室采石区 16（CSQ16）遗迹（由东向西）

4. 第3窟后室东侧采石区 18（CSQ18）遗迹（由北向南）

5. 第3窟后室西侧采石区 22、23（CSQ22、23）遗迹 （由南向北）

彩版一四　第3窟内北魏时期采石区

1. 第 3 窟东前室东侧采石坑 3、5、6（CSK3、5、6）
和石坯坑 2、3（SPK2、3）遗迹（由西向东）

2. 第 3 窟东前室采石坑 5、6、（CSK5、CSK6）、
石坯坑 2（SPK2）遗迹（由西向东）

3. 第 3 窟东前室采石坑 5（CSK5）特写（由西向东）

4. 第 3 窟东前室采石坑 4（CSK4）楔窝特写（由西向东）

5. 第 3 窟东前室东侧采石坑 3（CSK3）遗迹（由北向南）

6. 第 3 窟后室西侧采石坑 28（CSK28）采石坑（由东向西）

彩版一五　第 3 窟前、后室内北魏时期采石坑遗迹

1. 第 3 窟后室西侧采石坑 31（CSK31）（由东向西）

2. 第 3 窟东前室石坯坑 1（SPK1）遗迹（由西向东）

3. 第 3 窟东前石坯坑 2（SPK2）遗迹（由西向东）

4. 第 3 窟东前室石坯坑 3（SPK3）遗迹（由西向东）

5. 第 3 窟后室石碓 1（SD1）遗迹（由北向南）

6. 第 3 窟后室南部石碓 2（SD2）遗迹（由南向北）

彩版一六　第 3 窟前、后室内北魏时期石坯坑、石碓遗迹

1.Aa 型灰陶板瓦 1993T404 ⑤：1

2.Aa 型灰陶板瓦 1993T404 ⑤：2

3.Aa 型灰陶板瓦 1993G1 ⑤ A：56

4.Aa 型灰陶板瓦 1993T401 ⑤ A：25

5.Ab 型灰陶板瓦 1993T301 ③ A：19

6.Ab 型灰陶板瓦 1993G1 ⑤ A：1

7. 板瓦瓦身残片 1993T218 ④ A：2

8. 筒瓦残片 1993T402 ③：11

彩版一七　第 3 窟地层出土北魏时期乙类灰陶建筑材料

1.B 型筒瓦 1993T307 ③ C：3

2.B 型筒瓦 1993T307 ③ C：9

3.B 型筒瓦 1993T218 ⑤ A：3

4.B 型筒瓦 1993T402 ⑤ A：9

5.B 型筒瓦 1993T401 ⑤ A：18

6.B 型筒瓦 1993T404 ④：3

7.A 型"传祚无穷"瓦当 1993T218 ④ A：1

8.A 型"传祚无穷"瓦当 1993T210 ④ B：1

彩版一八　第 3 窟地层出土北魏时期乙类灰陶建筑材料

1.Aa 型板瓦 1993T307 ④ B：16

2.Ab 型板瓦 1993T217 ⑤ A：1

3.Ab 型板瓦 1993T307 ④ B：1

4.Ab 型板瓦 1993T307 ④ B：1

5.Ab 型板瓦 1993T307 ①：2

6. 板瓦瓦身 1993T218 ④ A：5

7. 板瓦瓦身 1993T304 ④ A：2

8. 板瓦瓦身 1993T305 ④ A：1

彩版一九　第 3 窟地层出土北魏时期丙类灰陶建筑材料

1.A 型筒瓦 1993G1 ⑤ A：30

2.A 型筒瓦 1993T307 ④ B：17

3.A 型筒瓦 1993T307 ④ B：15

4.A 型筒瓦 1993T307 ④ A：6

5.A 型筒瓦 1993T402 ⑤ A：8

6.A 型筒瓦 1993T218 ④ A：4

7.Aa 型 "万岁富贵" 瓦当 1993T402 ⑤ A：5

8.Aa 型 "□岁□□" 瓦当 1993T306 ④ B：1

彩版二〇　第 3 窟地层出土北魏时期丙类灰陶建筑材料

1. 单体菩萨 1993T307 ④ A：3

2. 乘象菩萨 1993T307 ④ A：2

3. 骑马菩萨 1993T303 ④ B：2

4. 足 1993T218 ⑤ A：1

5. 龙头像 1993T216 ③ B：4

6. 狮子 1993T216 ③ B：5

7. 兽首 1993T216 ④ B：2

8. 莲花座 1993T401 ⑤ A：14

彩版二一　第 3 窟地层出土北魏时期石雕造像

1. Ba 型陶盆 1993G1 ⑤ A：53

2. Ba 型陶盆 1993G1 ⑤ A：53

3. Ba 型陶盆 1993G1 ⑤ A：52

4. Ba 型陶盆 1993G1 ⑤ A：52

彩版二二　第 3 窟地层出土北魏时期 Ba 型陶盆

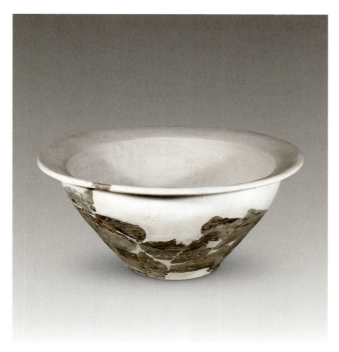

1. Ba 型陶盆 1993G1 ⑤ A：6

2. Ba 型陶盆 1993G1 ⑤ A：8

3. Ba 型陶盆 1993G1 ⑤ A：50

4. Ba 型陶盆 1993G1 ⑤ A：50

彩版二三　第 3 窟地层出土北魏时期 Ba 型陶盆

1. Ba 型陶盆 1993T401 ⑤ A：6

2. Ba 型陶盆 1993T401 ⑤ A：7

3. Ba 型陶盆 1993T401 ⑤ A：8

4. Ba 型陶盆 199393G1 ⑤ A：42

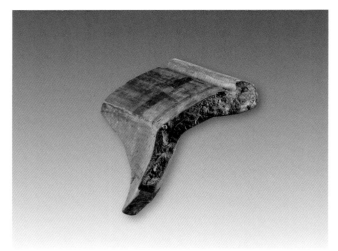

5. Ba 型陶盆 1993G1 ⑤ A：46

6. Bb 型陶盆 1993T401 ⑤ A：10

彩版二四　第 3 窟地层出土北魏时期 B 型陶盆

1. Ba 型陶盆 1993G1 ⑤ A∶51

2. Ba 型陶盆 1993G1 ⑤ A∶51

3. Bb 型陶盆 1993T401 ⑤ A∶1

4. Bb 型陶盆 1993T401 ⑤ A∶1

彩版二五　第 3 窟地层出土北魏时期 B 型陶盆

1. Bb 型陶盆 1993T401 ⑤ A：2

2. Bb 型陶盆 1993T401 ⑤ A：2

3. Bb 型陶盆 1993G1 ⑤ A：12

4. Bb 型陶盆 1993G1 ⑤ A：12

彩版二六　第 3 窟地层出土北魏时期 B 型陶盆

1. 陶盆残片 1993G1 ⑤ A：32

2. 陶盆残片 1993G1 ⑤ A：35

3. 陶盆腹部残片 1993G1 ⑤ A：43

4.. 陶盆腹部残片 1993G1 ⑤ A：44

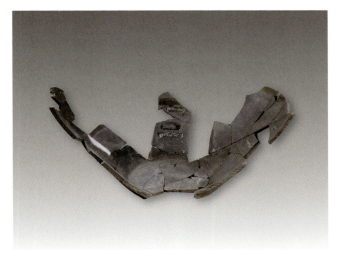

5. 陶盆底部残片 1993T402 ⑤ A：1

6. 陶盆底部残片 1993T401 ⑤ A：9

彩版二七　第 3 窟地层出土北魏时期陶盆

1. A 型陶罐 1993G1 ⑤ A：48

2. A 型陶罐 1993G1 ⑤ A：54

3. A 型陶罐 1993G1 ⑤ A：9

4. A 型陶罐 1993T402 ⑤ A：11

5.A 型陶罐 1993G1 ⑤ A：40

5.A 型陶罐 1993TG1 ⑤ A：40

彩版二八　第 3 窟地层出土北魏时期 A 型陶罐

1.Ba 型陶罐 1993T401 ⑤ A：3

2.Ba 型陶罐 1993T402 ⑤ A：2

3.Ba 型陶罐 1993G1 ⑤ A：49

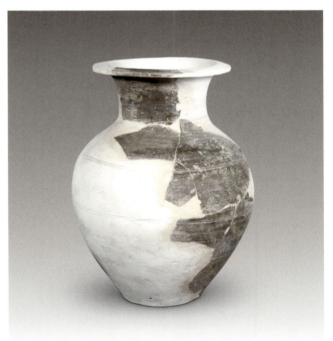

4. Ba 型陶罐 1993G1 ⑤ A：55

彩版二九　　第 3 窟地层出土北魏时期 B 型陶罐

1.Ba 型陶罐 1993G1 ⑤ A：19

2.Ba 型陶罐 1993G1 ⑤ A：20

3.Ba 型陶罐 1993G1 ②：13

4.Ba 型陶罐 1993G1 ⑤ A：58

5. Ba 型陶罐 1993T401 ①：7

6. Ba 型陶罐 1993T401 ⑤ A：22

彩版三〇　第 3 窟地层出土北魏时期 B 型陶罐

1. 残陶罐 1993T401 ⑤ A：17

2. 残陶罐 1993T401 ⑤ A：27

3. 陶罐腹、底部残片 1993G1 ⑤ A：16

4. 陶罐残片 1993G1 ⑤ A：22

5. 陶盏 1993T402 ⑤ A：4

6. 陶钵 1993T401 ③：11

彩版三一　第 3 窟地层出土北魏时期陶器

1. 陶罐残片 1993T401 ⑤ A：12

2. 陶罐残片 1993T402 ③：8

3. 陶罐残片 1993G1 ⑤ A：62

4. 陶罐残片 1993G1 ⑤ A：63

5. 陶罐残片 1993T402 ⑤ A：6-1

6. 陶罐残片 1993T402 ⑤ A：6-2

8. 陶罐残片 1993T402 ⑤ A：10

7. 陶罐残片 1993T402 ⑤ A：3

9. 陶罐残片 1993G1 ⑤ A：60

彩版三二　第 3 窟地层出土北魏时期陶罐纹饰残片

1. 石钵 1993T401 ⑤ A：4

2. 石钵 1993T215 ③ B：5

3. 石磨盘 1993T218 ⑤ A：2

4. 石臼 1993T402 ③：2

5. 石夯 1993T310 ①：1

6. 手夯 1993T402 ③：7

彩版三三　　第 3 窟地层出土北魏时期石器

1993 台基 2

1993 台基 1

包砌石墙

1993 台基 4

1993 台基 3

彩版三四　第 3 窟前隋唐时期包砌石墙与台基遗迹（由东向西）

1.1993 踏道
（由西南向东北）

2.1993 台基1、台基2
（由南向北）

3.1993 台基1、台基2(由西向东)

彩版三五　第3窟前隋唐时期台基

1.1993 台基 1、台基 2 局部（由南向北）

2.1993 台基 1 与台基 2 关系（由东向西）

彩版三六　第 3 窟前隋唐时期台基

1.1993 台基 1、台基 2（由东向西）

2.1993 台基 2 前出土菩萨乘象（由南向北）

3.1993 台基 3 局部（由南向北）

4.1993 台基 4（由东向西）

彩版三七　第 3 窟前隋唐时期台基及扩展台基

1.A 型陶盏 1993T307 ④ B：14

2.A 型陶盏 1993T307 ④ B：5

3.A 型陶盏 1993T307 ④ B：13

4.A 型陶盏 1993T307 ④ B：4

5.A 型陶盏 1993T307 ④ B：7

6.A 型陶盏 1993T307 ④ B：10

7.A 型陶盏 1993T307 ④ B：11

8.A 型陶盏 1993T307 ④ B：9

彩版三八　第 3 窟前出土隋唐时期 A 型陶盏

1. A 型陶盏 1993T307 ④ B：6

2. A 型陶盏 1993T307 ④ B：8

3. A 型陶盏 1993T302 ①：2

4.. A 型陶盏 1993T301 ③ A：17

5. B 型陶盏 1993T307 ④ B：12

6. B 型陶盏 1993T107 ①：4

7. 陶钵 1993T307 ④ B：19

8. 陶钵 1993T307 ④ B：20

彩版三九　第 3 窟前出土隋唐时期陶器

1. 白釉碗 1993T401 北 H1：3

2. 白釉碗 1993T215 ③ B：3

3. 黄釉碗 1993T306 ④ B：3

4. 黄釉碗 1993T306 ④ B：2

5. 黄釉碗 1993T303 ④ A：1

6. 黄釉执壶 1993T211 ①：4

7. 黄釉罐 1993T215 ③ A：24

8. 复色釉碗 1993T215 ③ A：12

彩版四〇　第 3 窟出土隋唐时期瓷器

1. 隋五铢 1993T307 ④ B：2

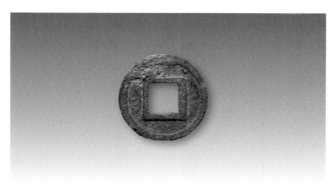

2. 隋五铢 1993T307 ④ B：2

3. 隋五铢 1993T301 ③ A：2

4. 隋五铢 1993T301 ③ A：2

5. 隋五铢 1993T401 东纵沟③：2

6. 隋五铢 1993T401 东纵沟③：2

7. 开元通宝 1993T209 ② A：3

8. 开元通宝 1993T209 ② A：3

彩版四一　第 3 窟出土隋唐时期铜钱

1. 开元通宝 1993T301 ③ A：10

2. 开元通宝 1993T301 ③ A：10

3. 开元通宝 1993T401 东扩方③：1

4. 开元通宝 1993T401 东扩方③：1

5. 开元通宝 1993T401 ③：10

6. 开元通宝 1993T401 ③：10

7. 开元通宝 2000G3 ②：64

8. 开元通宝 2000G3 ②：64

彩版四二　第 3 窟地层出土隋唐时期铜钱

1. 开元通宝 2000G3 ②: 65

2. 开元通宝 2000G3 ②: 65

3. 开元通宝 2000G3 ②: 66

4. 开元通宝 2000G3 ②: 66

5. 开元通宝 2000G3 ②: 67

6. 开元通宝 2000G3 ②: 67

7. 开元通宝 2000G3 ②: 68

8. 开元通宝 2000G3 ②: 68

彩版四三　第 3 窟地层出土隋唐时期铜钱

1. 第 3 窟前 1993T307 内夯土柱基坑 7（由西南向东北）

2. 西前室铺砖地面（由东向西）

彩版四四　第 3 窟辽金时期窟前建筑夯土柱基坑与窟内铺砖地面

1. 西前室铺砖地面（由北向南）

2. 西前室铺砖地面西侧局部（由东北向西南）

彩版四五　第 3 窟辽金时期窟内铺砖地面

1. 西前室铺砖地面西侧局部（由西北向东南）

2. 第 3 窟前室窟顶二层平台辽金 X1

彩版四六　第 3 窟辽金时期窟内铺砖地面与前室窟顶柱穴

1. 辽金 L1～L12 遗迹

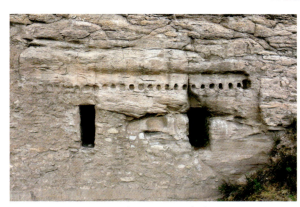

2. 辽金 L1、L2 遗迹

3. 辽金 L10～L12 遗迹

4. 辽金 L5 凹槽底部圆形小坑

5. 辽金 L9 凹槽底部圆形小坑

彩版四七　第 3 窟辽金时期窟前建筑梁孔

1. 辽金 L5

2. 辽金 L9

3. 辽金 L10

4. 辽金 L10 凹槽底部方形小坑内木榫

彩版四八　第 3 窟辽金时期窟前建筑梁孔

1. 粗绳纹长条砖 1993T402 ③：1

2. 粗绳纹长条砖 1993T402 ③：9

3. 粗绳纹长条砖 1993T401 北③：7

4.B 型沟纹长条砖 1993T401 北② B：55

5. 沟纹砖 1993T401 北② B：6

6. 沟纹砖 1993T104 ③ A：6

彩版四九　第 3 窟地层出土辽金时期建筑材料

1.Ba 型板瓦 1993T401 北② B：1

2.Ba 型板瓦 1993T401 北② B：3

3. Ba 型板瓦 1993T401 ③：13

4. Ba 型板瓦 1993T401 ③：20

5. Ba 型板瓦 1993T401 北② B：32

6. Ba 型板瓦 1993T401 北② B：33

彩版五〇　第 3 窟地层出土辽金时期板瓦

1. Bb 型板瓦 1993T401 北② B：2

2. Bb 型板瓦 1993T401 北② B：4

3. Bb 型板瓦 1993T401 北② B：28

4. Bb 型板瓦 1993T401 北② B：31

5. Bb 型板瓦 1993T401 北② B：34

6. Bb 型板瓦 1993T401 北② B：35

彩版五一　第 3 窟地层出土辽金时期板瓦

1.Aa 型檐头板瓦 1993T210 ②：6

2.Aa 型檐头板瓦 1993T106 ① C：1

3.Aa 型檐头板瓦 1993T401 北② A：60

4.Aa 型檐头板瓦 1993T401 北② A：62

5.Aa 型檐头板瓦 1993T401 北② B：48

6.Aa 型檐头板瓦 1993T401 北② B：48

彩版五二　第 3 窟地层出土辽金时期 Aa 型檐头板瓦

1.Ab 型檐头板瓦 1993T210 ②: 8

2.Ab 型檐头板瓦 1993T209 ② A：10

3.Ab 型檐头板瓦 1993T210 ②: 9

4.Ab 型檐头板瓦 1993G2 ①: 1

5.Ab 型檐头板瓦 1993T401 北② A：57

6.Ab 型檐头板瓦 1993 采：6

彩版五三　第 3 窟地层出土辽金时期 Ab 型檐头板瓦

1.Ba 型檐头板瓦 1993T401 北② B：2

2.Ba 型檐头板瓦 1993T404 ② A：1

3.Bb 型檐头板瓦 1993T401 北② A：18

4.Bb 型檐头板瓦 1993T401 北② A：38

5.Bb 型檐头板瓦 1993T401 北② A：21

6.Bb 型檐头板瓦 1993T401 北② A：20

彩版五四　第 3 窟地层出土辽金时期 B 型檐头板瓦

1.Bb 型檐头板瓦 1993T401 北② A：19

1.Bb 型檐头板瓦 1993T211 ①：2

2.Bb 型檐头板瓦 1993G3 北①：8

4.Bb 型檐头板瓦 1993T210 ②：1

5.Bb 型檐头板瓦 1993 采：11

6.Bb 型檐头板瓦 1993 采：11

彩版五五　第 3 窟地层出土辽金时期 Bb 型檐头板瓦

1.Cb 型檐头板瓦 1993T307 ①：1

2.Cc 型檐头板瓦 1993T210 ②：7

3.Cd 型檐头板瓦 1993T210 ②：43

4.Cd 型檐头板瓦 1993T216 ③ A：18

5.Cd 型檐头板瓦 1993 采：7

6. 檐头板瓦 1993T210 ①：9

彩版五六　第 3 窟地层出土辽金时期檐头板瓦

1. 绿釉筒瓦 1993T401 北② A：11

2. 绿釉筒瓦 1993T104 ②：2

3. 绿釉筒瓦 1993T401 北② A：10

4. 绿釉筒瓦 1993T209 ② A：6

5. 绿釉筒瓦 1993T103 ② B：1

6. 绿釉筒瓦 1993T401 北② A：13

7. 绿釉筒瓦 1993G3 北①：11

8. 绿釉筒瓦 1993G3 北①：15

彩版五七　第 3 窟地层出土辽金时期琉璃筒瓦

1. 黄釉筒瓦 1993T401 ③：5

2. 酱黄釉筒瓦 1993G3 北①：10

3. 酱黄釉筒瓦 1993G3 北①：13

4. 酱黄釉筒瓦 1993G3 北①：9

5. 三彩釉筒瓦 1993T401 北② A：6

6. 黑釉筒瓦 1993T103 ② A：2

彩版五八　第 3 窟地层出土辽金时期琉璃筒瓦

1.B 型灰陶筒瓦 1993T401 北② B：36

2.B 型灰陶筒瓦 1993T401 北② A：40

3.B 型灰陶筒瓦 1993T401 北② B：37

4.B 型灰陶筒瓦 1993T401 北② A：41

5.B 型灰陶筒瓦 1993T209 ② A：1

6.B 型灰陶筒瓦 1993T210 ②：12

彩版五九　第 3 窟地层出土辽金时期 B 型灰陶筒瓦

1. 龙纹瓦当 1993T401 北② A：3

2.A 型兽面纹瓦当 1993T401 北② A：2

3.A 型兽面纹瓦当 1993T211 ①：1

4.Bc 型兽面纹瓦当 1993T401 北② A：5

5. Bc 型兽面纹瓦当 1993G3 ②：7

6.B 型莲花纹瓦当 1993T214 ①：1

彩版六〇　第 3 窟地层出土辽金时期瓦当

1.Bd 型兽面纹瓦当 1993T401 北③: 14

2.Bd 型兽面纹瓦当 1993T401 北③: 14

3.Bd 型兽面纹瓦当 1993T401 北② A: 8

4.Bd 型兽面纹瓦当 1993T401 北② A: 8

5.Bd 型兽面纹瓦当 1993T210 ②: 44

6.Bd 型兽面纹瓦当 1993T401 北② A: 4

彩版六一　第 3 窟地层出土辽金时 B 型期兽面纹瓦当

1.Bd 型兽面纹瓦当 1993T210 ②：4

2.Bd 型兽面纹瓦当 1993T215 ②：1

3.Bd 型兽面纹瓦当 1993G1 ②：6

4.Bd 型兽面纹瓦当 1993G3 北①：7

5.Bd 兽面纹瓦当 1993 采：2

6.Bd 型兽面纹瓦当 1993 采：3

彩版六二　第 3 窟地层出土辽金时期 B 型兽面纹瓦当

1.Aa 型莲花纹瓦当 1993T107 ①：2

2.Aa 型莲花纹瓦当 1993T210 ②：5

3.Aa 型莲花纹瓦当 1993T209 ② A：7

4.Aa 型莲花纹瓦当 1993T216 ③ A：11

5.Aa 型莲花纹瓦当 1993T215 ②：2

6.Ab 型莲花纹瓦当 1993T210 ②：2

彩版六三　第 3 窟地层出土辽金时期 A 型莲花纹瓦当

1.Ab 型莲花纹瓦当 1993T209 ② A：8

2.Ab 型莲花纹瓦当 1993T210 ②：3

3.Ab 型莲花纹瓦当 1993T210 ②：11

4.Ab 型莲花纹瓦当 1993G3 ①：3

5.Ab 型莲花纹瓦当 1993T209 ② A：9

6.Ab 型莲花纹瓦当 1993 采：1

彩版六四　第 3 窟地层出土辽金时期 A 型莲花纹瓦当

1. 琉璃压带条 1993T401 北② A：9

2. 琉璃压带条 1993T402 ③：12

3. 脊兽 1993T401 北② A：32

4. 脊兽 1993T401 北② B：40

5. 脊兽 1993T401 北② B：39

7. 泥塑 1993T401 北② A：14

6. 套兽 1993T401 北② B：50

彩版六五　第3窟地层出土辽金时期遗物

1.Aa 型卷沿陶盆 1993T215 ③ A：1

2.Aa 型卷沿陶盆 1993T105 北③ A：3

3.Aa 型卷沿陶盆 1993T404 ② B：5

4.Aa 型卷沿陶盆 1993T404 ② B：3

6.Ac 型卷沿陶盆 1993T301 ③ A：7

7.Ac 型卷沿陶盆 1993T301 ③ A：8

5.Ac 型卷沿陶盆 1993T301 ③ A：5

彩版六六　第 3 窟地层出土辽金时期 A 型卷沿陶盆

1.Ac 型卷沿陶盆 1993T401 北② B：46

2.Ac 型卷沿陶盆 1993T401 北② B：49

3.Ac 型卷沿陶盆 1993T401 北② A：66

4. Ac 型卷沿陶盆 1993T401 北② A：67

5.Ac 型卷沿陶盆 1993T401 北② A：68

6. Ac 型卷沿陶盆 1993T401 北② A：69

彩版六七　第 3 窟地层出土辽金时期 A 型卷沿陶盆

1. Bb 型卷沿陶盆 1993T401 北② A：64

2.Bc 型卷沿陶盆 1993T401 北② A：70

3. Bc 型卷沿陶盆 1993T401 北② B：51

4. Bd 型卷沿陶盆 1993T214 ③ B：2

5. Bd 型卷沿红陶盆 1993 采：13

6.C 型卷沿陶盆 1993T301 ③ A：20

彩版六八　　第 3 窟地层出土辽金时期卷沿陶盆

1. B 型平沿陶盆 1993T402 ③：19

2. C 型平沿陶盆 1993T301 ③ A：21

3. C 型平沿陶盆 1993T401 ③：3

4. C 型平沿陶盆 1993T307 ③ C：8

6. C 型平沿陶盆 1993T209 ② B：4

5. C 型平沿陶盆 1993T401 ③：29

7. C 型平沿陶盆 1993T301 ③ A：4

彩版六九　第 3 窟地层出土辽金时期平沿陶盆

1.C 型平沿陶盆 1993T401 ③：7

2.C 型平沿陶盆 1993T401 ③：31

3.C 型平沿陶盆 1993T301 ③ A：1

4.C 型平沿陶盆 1993T215 ③ B：4

5.C 型平沿陶盆 1993T307 ③ C：4

6.C 型平沿陶盆 1993T307 ③ C：5

彩版七〇　第 3 窟地层出土辽金时期 C 型平沿陶盆

1. 盆底 1993T211 ②：1

2. 盆底 1993T216 ③ A：2

3. 盆底 1993T215 ③ A：6

4. 盆底 1993T401 ③：4

5. 盆底 1993T401 ②：32

6. 盆底 1993T402 ③：4

彩版七一　第 3 窟地层出土辽金时期陶盆残件

1. 菱格纹 1993 T214 ③ B：1

2. 菱格纹 1993T209 ①：2

3. 菱格纹 1993T215 ③ A：6

4. 菱格纹 1993T215 ③ A：25

5. 菱格纹 1993T216 ② A：1

6. 菱格纹 1993T217 ③ A：1

7. 菱格纹 1993T301 ③ A：15

8. 菱格纹 1993T214 ③ B：7

彩版七二　第 3 窟地层出土辽金时期陶盆印纹残片

1. 菱格纹 1993T215 ② : 7

2. 菱格纹 1993T216 ③ A : 19

3. 栉齿纹 1993T105 ③ A : 1

4. 栉齿纹 1993T213 ② : 1

5. 竖条纹 1993T104 ① : 4

6. 半圆弧纹 1993T105 ① : 4

7. 组合纹 1993T209 ② B : 1

8. 组合纹 1993T214 ③ B : 8

彩版七三　第 3 窟地层出土辽金时期陶盆印纹残片

1. 陶碗 1993T209 ② A：5

2. 陶碗 1993T216 ③ A：5

3. 陶碗 1993T303 ③ B：3-1

4. 陶盏 1993T401 ③：30

5. 陶盏 1993T303 ③ B：1

6. 陶盏托 1993T302 ①：1

7. 陶盘 1993T303 ② A：1

8. 陶盒 1993 采：14

彩版七四　第 3 窟出土辽金时期陶器

1. 陶罐口沿 1993T214 ③ C：4

2. 陶罐口沿 1993T216 ③ A：6

3. 陶罐 1993T402 ③：27

4. 陶罐 1993T402 ③：28

5. 陶罐 1993T402 ③：1

彩版七五　第 3 窟地层出土辽金时期陶罐

1. 陶罐 1993T401 ③：6

2. 陶罐 1993T402 ③：17

3. 陶罐 1993T215 ③ B：1

4. 陶罐 1993T210 ②：16

5. 陶罐 1993T104 北③ A：6

6. 陶罐 1993T401 北 H1：9

7. 陶罐 1993T209 ② A：4

8. 陶罐 1993T215 ③ A：4

彩版七六　第 3 窟地层出土辽金时期陶罐

1.Aa 型白釉碗 1993T401 北② A：45

2. Aa 型白釉碗 1993T401 北② A：45

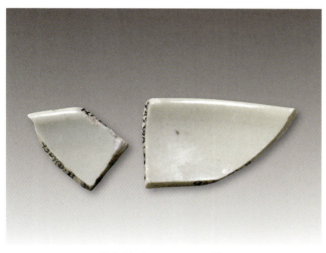

3.Aa 型白釉碗 1993T215 ③ A：27

4.Aa 型白釉碗 1993T214 ③ B：17

5.Aa 型白釉碗 1993T215 ③ A：26

6.Aa 型白釉碗 1993T210 ②：27

彩版七七　第 3 窟地层出土辽金时期 A 型白釉碗

1.Aa 型白釉碗 1993G3 南①：8

2.Aa 型白釉碗 1993G3 北②：10

3.Aa 型白釉碗 1993G3 北②：8

4.Aa 型白釉碗 1993T210 ①：7

5. Aa 型白釉碗 1993G3 南②：2

6. Aa 型白釉碗 1993T401 北② A：54

彩版七八　第 3 窟地层出土辽金时期 A 型白釉碗

1.Aa 型白釉碗 1993G3 北②：18

2.Aa 型白釉碗 1993G3 北②：17

3.Ab 型白釉碗 1993T214 ③ B：16

4.Ab 型白釉碗 1993T402 ③ A：29

5.Ab 型白釉碗 1993T215 ③ B：6

6.Ab 型白釉碗 1993T215 ③ A：28

彩版七九　第 3 窟地层出土辽金时期 A 型白釉碗

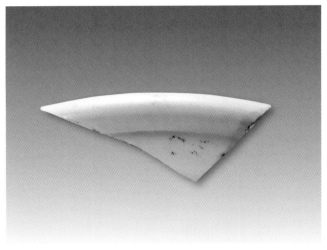

1.Ab 型白釉碗 1993T211 ①: 5

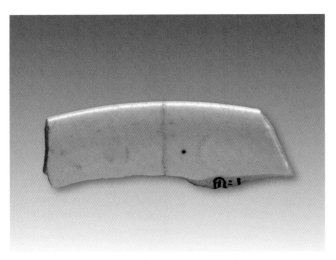

2.Ab 型白釉碗 1993T306 ①: 1

3.Ab 型白釉碗 1993G3 北②: 4

4.Ab 型白釉碗 1993G3 北②: 7

5.Ab 型白釉碗 1993T401 北② A：56

6.Ab 型白釉碗 1993T401 北①: 1

彩版八〇　第 3 窟地层出土辽金时期 A 型白釉碗

1.B 型白釉碗 1993T210 ①：5

2.B 型白釉碗 1993T210 ①：1

3.B 型白釉碗 1993T103 ②：8

4.B 型白釉碗 1993T212 ②：2

5.B 型白釉碗 1993G3 北②：3

6.B 型白釉碗 1993G3 北②：50

7.B 型白釉碗 1993T401 ①：2

8.B 型白釉碗 1993T401 北② A：39

彩版八一　第 3 窟地层出土辽金时期 B 型白釉碗

1.A 型白釉碗底 1993T210 ②：36

2.A 型白釉碗底 1993T210 ②：38

3.A 型白釉碗底 1993T213 ②：7

4.A 型白釉碗底 1993T401 北② A：44

5.B 型白釉碗底 1993T210 ②：21

6.B 型白釉碗底 1993T103 ②：7

7.B 型白釉碗底 1993G3 北②：5

8.B 型白釉碗底 1993T401 北② A：28

彩版八二　第 3 窟地层出土辽金时期白釉碗底

1.B 型白釉碗底 1993T401 北② A：26

2.B 型白釉碗底 1993T401 北② A：17

3.B 型白釉碗底 1993T401 北② A：35

4.C 型白釉碗底 1993T211 ②：4

5.C 型白釉碗底 1993T401 北② B：18

6.C 型白釉碗底 1993T401 北② A：33

7.C 型白釉碗底 1993T401 北② A：25

8.C 型白釉碗底 1993T401 北② A：29

彩版八三　第 3 窟地层出土辽金时期白釉碗底

1. 白釉碗腹部残片 1993T401 ①：9

2. 白釉碗腹部残片 1993T211 ②：6

3. 白釉碗腹部残片 1993T210 ②：42

4. 白釉碗腹部残片 1993T401 北② A：36

5.A 型白釉盘 1993T105 ③ A：4

6.A 型白釉盘 1993G3 北①：6

7.A 型白釉盘 1993T401 北② B：14

8.C 型白釉盘 1993T210 ②：30

彩版八四　第 3 窟地层出土辽金时期白釉瓷器

1.A 型白釉盏 1993T401 北② A：42

2. 白釉碟 1993T103 ②：9

3. 白釉盆 1993T210 ②：18

4. 白釉盆口腹部 1993T401 北② B：17

5. 白釉盆口腹部 1993T401 北② A：37

6. 白釉盆口腹部 1993T401 北② B：15

7. 白釉盆底部残片 1993T210 ②：31

8. 白釉盆底 1993T401 北② A：43

彩版八五　第 3 窟地层出土辽金时期白釉瓷器

1. 白釉盒 1993T103 ②：5

2. 白釉盒 1993T401 北② B：19

3. 白釉盒 1993T401 北② B：20

4. 白釉炉 1993T213 ①：2

5. 白釉炉 1993T215 ③ A：21

6. 白釉罐 1993T210 ②：37

7. 白釉钵 1993T210 ①：4

8. 白釉盏托 1993T214 ③ B：11

彩版八六　第 3 窟地层出土辽金时期白釉瓷器

1. 白釉执壶 1993T215 ③ A：14

2. 白釉水盂 1993T215 ③ A：19

3. 白釉水盂 1993T215 ③ B：2

4. 白釉器盖 1993T103 ②：13

5. 白釉器盖 1993T103 ②：6

6. 白釉器盖 1993T401 北② B：21

7. 白釉器盖 1993T401 北② B：52

8. 白釉器盖 1993T401 北② B：53

彩版八七　第3窟地层出土辽金时期白釉瓷器

1. 白釉褐彩瓶 1993T401 北② B：8

2. 白釉褐彩罐 1993T401 北② B：9

3. 黄釉碗 1993T216 ③ A：12

4. 黄釉碗 1993T216 ② A：3

5. 茶叶末釉碗 1993T214 ③ B：12

6. 茶叶末釉碗 1993T210 ②：22

7. 茶叶末釉盏 1993T215 ③ A：18

8. 茶叶末釉瓶 1993G3 东①：2

彩版八八　第 3 窟地层出土辽金时期瓷器

1. 茶叶末釉壶 1993T401 北② A：50

2. 茶叶末釉罐 1993T210 ②：35

3. 茶叶末釉罐 1993T401 ②：16

4. 茶叶末釉罐 1993T401 北② B：44

5. 茶叶末釉 1993T401 北② B：5

6. 茶叶末釉罐 1993T404 ②：6

7. 茶叶末釉罐底 1993T209 ①：5

彩版八九　第 3 窟地层出土辽金时期瓷器

1. 茶叶末釉缸 1993T401 北②B：42

2. 青釉碗 1993G1 ②：1

3. 青釉盘 1993G3 北②：6

4. 复色釉盆 1993G3 北②：12

5. 复色釉罐 1993T402 ③：26

6. 复色釉罐 1993G3 北②：13

7. 复色釉缸 1993T401 北②B：43

8. 复色釉器盖 1993T401 北②B：26

彩版九〇　第 3 窟地层出土辽金时期瓷器

1. 绿釉碗 1993T215 ②：3

2. 绿釉碗 1993T215 ②：10

3. 绿釉瓶 1993T216 ③ B：1

4. 绿釉罐 1993T401 北② A：48

5. 三彩盘 1993T104 北③ A：4

6. 孔雀蓝釉瓶 1993G3 北②：2

彩版九一　第 3 窟地层出土辽金时期瓷器

1.A 型黑釉碗底 1993T209 ①：4

2.A 型黑釉碗底 1993T401 北② B：10

3.B 型黑釉碗底 1993T107 ①：17

4.C 型黑釉碗底 1993G3 北②：14

5. 黑釉盏 1993T401 ③：36

6. 黑釉盏 1993T401 ①：6

7. 黑釉盏 1993T401 北② B：13

8. 黑釉鸡腿瓶 1993T401 北② A：47

彩版九二　第 3 窟地层出土辽金时期黑釉瓷器

1. 黑釉鸡腿瓶 1993T401 北② A：46

2. 黑釉折腹瓶 1993T401 北② B：24

3. 黑釉喇叭状瓶底 1993T103 ②：10

4. 黑釉洗 1993T401 北② B：38

5. 黑釉瓷塑 1993G3 南②：4

6. 黑釉瓷塑 1993G3 南②：5

7. 垫钵 1993T401 ②：3

8. "工"字形支烧具 1993T209 ①：3

彩版九三　第 3 窟地层出土辽金时期遗物

1. 太平通宝 2000G3 ②: 33

2. 太平通宝 2000G3 ②: 34

3. 淳化元宝 2000G3 ②: 59

4. 至道元宝 2000G3 ②: 54

5. 咸平元宝 2000G3 ②: 56

6. 景德元宝 2000G3 ②: 62

7. 祥符通宝 2000G3 ②: 60

8. 祥符元宝 2000G3 ②: 50

彩版九四　第 3 窟地层出土辽金时期铜钱

1. 祥符元宝 2000G3 ②: 51

2. 祥符元宝 2000G3 ②: 52

3. 祥符元宝 2000G3 ②: 53

4. 天圣元宝 2000G3 ②: 45

5. 天圣元宝 2000G3 ②: 46

6. 景祐元宝 2000G3 ②: 61

7. 皇宋通宝 2000G3 ②: 47

8. 皇宋通宝 2000G3 ②: 48

彩版九五　第 3 窟地层出土辽金时期铜钱

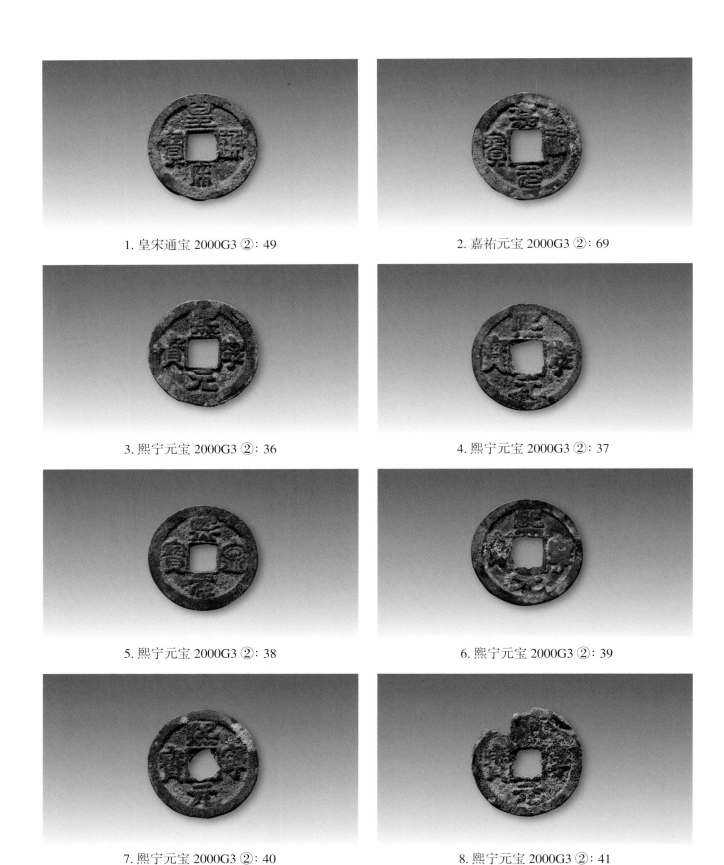

1. 皇宋通宝 2000G3 ②：49

2. 嘉祐元宝 2000G3 ②：69

3. 熙宁元宝 2000G3 ②：36

4. 熙宁元宝 2000G3 ②：37

5. 熙宁元宝 2000G3 ②：38

6. 熙宁元宝 2000G3 ②：39

7. 熙宁元宝 2000G3 ②：40

8. 熙宁元宝 2000G3 ②：41

彩版九六　第 3 窟地层出土辽金时期铜钱

1. 熙宁元宝 2000G3 ②：35

2. 元丰通宝 1993T209 ② A：2

3. 元丰通宝 2000G3 ②：42

4. 元丰通宝 2000G3 ②：43

5. 元丰通宝 2000G3 ②：44

6. 绍圣元宝 2000G3 ②：57

7. 圣宋元宝 2000G3 ②：31

8. 圣宋元宝 2000G3 ②：32

彩版九七　第 3 窟地层出土辽金时期铜钱

1. 崇宁通宝 1993T402 ②：1

2. 大观通宝 1993T401 东纵沟③：1

3. 政和通宝 2000G3 ②：58

4. 正隆元宝 2000G3 ②：55

5. 正隆元宝 1993T107 ①：5

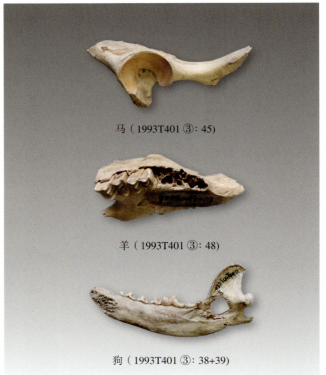

马（1993T401 ③：45）

羊（1993T401 ③：48）

狗（1993T401 ③：38+39）

6. 铁楔子 1993T401 北 H1：2

7. 动物骨骼

彩版九八　第 3 窟地层出土辽金时期遗物

1.1993T105 围墙（由南向北）

2.1993T106 围墙与斜坡通道（由西南向东北）

3.1993T106 斜坡通道（由西向东）

彩版九九　第 3 窟前明清时期遗迹

1.1993T107 围墙与斜坡通道（由西向东）

2.1993T107、T108 斜坡通道（由西北向东南）

彩版一〇〇　第 3 窟前明清时期遗迹

1.1993T108 斜坡通道（由南向北）

2.1993T105 斜坡通道基础（由北向南）

彩版一〇一　第 3 窟前明清民国时期遗迹

1. 莲花福字瓦当 1993T107 ①: 1

2.Aa 型白釉碗 1993T107 ①: 7

3.Aa 型白釉碗 1993T107 ①: 8

4.Aa 型白釉碗 1993T105 ① C: 1

5.Aa 型白釉碗 1993T105 ① C: 3

6.Ab 型白釉碗 1993T108 ①: 6

彩版一〇二　第 3 窟地层出土明清时期遗物

1.Aa 型白釉碗 1993T107 ①：6

2.Aa 型白釉碗 1993T105 ① C：2

3.B 型白釉碗 1993T301 ①：3

4.B 型白釉碗 1993T105 ① A：3

5.B 型白釉碗 1993T106 ①：4

6.A 型白釉碗底 1993T108 ①：8

彩版一○三　　第 3 窟地层出土明清时期白釉瓷器

1.B 型白釉底 1993T108 ①：7

2.C 型白釉底 1993T107 ①：10

3. 白釉盘 1993T107 ①：9

4. 白釉盘 1993T105 ① C：6

5. 白釉盘 1993T212 ①：1

6. 白釉盘 1993T103 ①：1

彩版一〇四　第 3 窟地层出土明清时期白釉瓷器

1.Aa 型白釉褐彩碗 1993T305 ①：2

2.Aa 型白釉褐彩碗 1993T305 ①：4

3.Aa 型白釉褐彩碗 1993T210 ①：2

4.B 型白釉褐彩碗 1993T214H1：2

5.B 型白釉褐彩碗 1993T106 ①：5

6.B 型白釉褐彩碗 1993T305 ①：1

彩版一〇五　第 3 窟地层出土明清时期瓷器

1. 茶叶末釉碗 1993T217 ①: 1

2. 茶叶末釉瓶 1993T104 ①: 1

3. 茶叶末釉罐 1993T105 ① C: 9

4. 茶叶末釉罐 1993T106 ①: 6

5. 茶叶末釉罐 1993G3 北①: 3

6. 茶叶末釉缸 1993T108 ①: 5

彩版一〇六　第 3 窟地层出土明清时期茶叶末釉瓷器

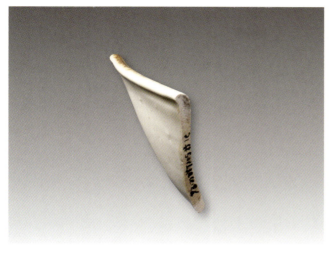

1. 复色釉碗 1993T105 ① C：11

2. 复色釉碗 1993T305 ①：6

3. 黑釉碗 1993T105 ① C：5

4. 黑釉碗 1993T107 ①：18

5. 黑釉碗 1993T217 ①：2

6. 黑釉碗 1993T211 ①：6

彩版一〇七　第 3 窟地层出土明清时期瓷器

1. 黑釉盏 1993T211 ①：8

2. 黑釉盏 1993T401 ①：5

3. 黑釉罐 1993T107 ①：14

4. 黑釉罐 1993T105 ① C：12

5. 黑釉罐 1993T305 ①：3

6. 黑釉罐 1993T107 ①：15

彩版一〇八　第 3 窟地层出土明清时期黑釉瓷器

1. 黑釉罐 1993T107 ①: 16

2. 黑釉罐底 1993G3 北①: 1

3. 黑釉盒 1993T403 ①: 1

4. 黑釉盒 1993T403 ①: 2

5. 黑釉缸 1993T209 ①: 6

6. 黑釉器盖 1993T210 ①: 6

彩版一〇九　第 3 窟地层出土明清时期黑釉瓷器

1. 青花碗 1993T106 ①：8

2. 青花碗 1993T106 ①：8

3. 青花碗 1993T213 ①：3

4. 青花碗 1993T105 ① C：14

5. 青花碗 1993T214H1：1

6. 青花碗 1993T106 ①：1

彩版一一〇　第 3 窟地层出土明清民国时期青花瓷器

1. 青花碗 1993T106 ①: 3

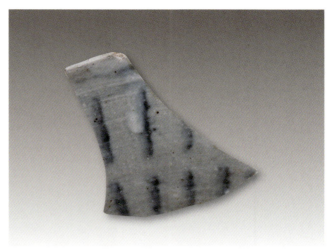

2. 青花碗 1993T106 ①: 7

3. 青花碗 1993T209 ①: 11

4. 青花杯 1993T108 ①: 9

5. 青花盘 1993T213 ①: 4

6. 青花盒盖 1993T107 ①: 13

彩版——— 第 3 窟地层出土明清民国时期青花瓷器

1. 龙王庙沟西侧外景（由东向西，2018 年员新华摄）

2. 龙王庙沟西侧龛正射影像图（云冈研究院数字化保护中心提供）

彩版一一二 龙王庙沟西侧外景

1.1987年清理龙王庙沟西侧窟前堆土（由东南向西北）

2.1987年被封堵的第5-26窟（由东向西）

彩版一一三　龙王庙沟西侧发掘前面貌

1.厅堂遗址 F1（由西向东）

2.厅堂遗址 F1 与蓄水池遗址
及洞窟外立壁（由北向南）

彩版——四　龙王庙沟西侧窟前厅堂遗址 F1

1. 台基北部与台基中部（由西向东）

2. 台基中部与台基南部（由西向东）

彩版一一五　龙王庙沟西侧窟前厅堂遗址 F1

1. 台基中部东侧与北侧包砌砖墙（由北向南）　　　2. 台基南部南侧包砌砖墙（由东向西）

3. 台基南部东侧包砌砖墙（由北向南）

彩版一一六　龙王庙沟西侧窟前厅堂遗址 F1

1. 台基中部东南角的柱础石（由南向北）

2. 台基的铺砖
地面（由北向南）

3. 外立壁梁孔

彩版——七　龙王庙沟西侧窟前厅堂遗址 F1

1.B 型板瓦 1987DYLF1 ③：5

2.Ba 型檐头板瓦 1987DYLF1 ③：21

3.Ba 型檐头板瓦 1987DYLF1 ③：15

4.Bd 型兽面纹瓦当 1987DYLF1 ③：3

5.E 型兽面纹瓦当 1987DYLF1 ③：9

6.E 型兽面纹瓦当 1987DYLF1 ③：20

彩版一一八　龙王庙沟西侧窟前厅堂遗址 F1 出土辽金时期建筑材料

1. 侧视莲花纹瓦当 1987DYLF1 ③: 11

2. 龙纹瓦当 1987DYLF1 ③: 12

3. 压带条 1987DYLF1 ③: 38

4. 压带条 1987DYLF1 ③: 39

5. 脊饰 1987DYLF1 ③: 17

6. 脊饰 1987DYLF1 ③: 13

彩版一一九　龙王庙沟西侧窟前厅堂遗址 F1 出土辽金时期建筑材料

1. 酱釉碗底 1987DYLF1 ③: 9

2. 酱釉盏 1987DYLF1 ③: 7

3. 酱釉盏 1987DYLF1 ③: 8

4. 黑釉碗 1987DYLF1 ③: 1

彩版一二〇　龙王庙沟西侧窟前厅堂遗址 F1 出土辽金时期瓷器

1. 蓄水池内第③层瓦砾及红烧土堆积遗迹（由西南向东北）

2. 蓄水池水台遗址

彩版一二一　龙王庙沟西侧窟前蓄水池遗址

1. 蓄水池遗址（由西向东）

2. 蓄水池遗址（由西向东）

彩版一二二　龙王庙沟西侧窟前蓄水池遗址

1. 蓄水池底部石板（由北向南）

2. 蓄水池外围东北角砖墙（由东向西）

彩版一二三　龙王庙沟西侧窟前蓄水池遗址

1.Aa 型卷沿陶盆 1987DYL 蓄水池③: 13

2.Ac 型卷沿陶盆 1987DYL 蓄水池③: 10

3.Ac 型卷沿陶盆 1987DYL 蓄水池③: 11

4.A 型平折沿陶盆 1987DYL 蓄水池③: 8

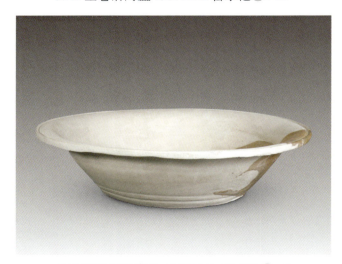

5.C 型平折沿陶盆 1987DYL 蓄水池③: 2

6. 香炉 1987DYL 蓄水池③: 6

彩版一二四　龙王庙沟西侧窟前蓄水池遗址出土辽金时期陶器

1.Aa 型白釉碗 1987DYL 蓄水池③: 1

4.Aa 型白釉碗 1987DYLTG1 ③: 22

2.Aa 型白釉碗 1987DYL 蓄水池③: 14

5.B 型白釉碗 1987DYLTG1 ③: 20

3.Aa 型白釉碗 1987DYL 蓄水池③: 14

6.绿釉罐 1987DYLTG1 ③: 14

彩版一二五　龙王庙沟西侧窟前蓄水池遗址出土辽金时期瓷器

1. 探方发掘（由西向东）

2. 僧房遗址北部（由南向北）

彩版一二六　龙王庙沟西侧窟前僧房遗址 F3

1. 僧房西廊北墙体（由南向北）

2. 僧房西廊北墙体（由东向西）

彩版一二七　龙王庙沟西侧窟前僧房遗址 F3

1. 僧房门口及外间（由北向南）

2. 僧房外间西台角（由西向东）

彩版一二八　龙王庙沟西侧窟前僧房遗址 F3

1. 地炕（由南向北）

2. 上炕（由西向东）

3. 下炕（由东向西）

彩版一二九　龙王庙沟西侧窟前僧房遗址 F3

1. 炉灶（由南向北）

2. 炉灶（由北向南）

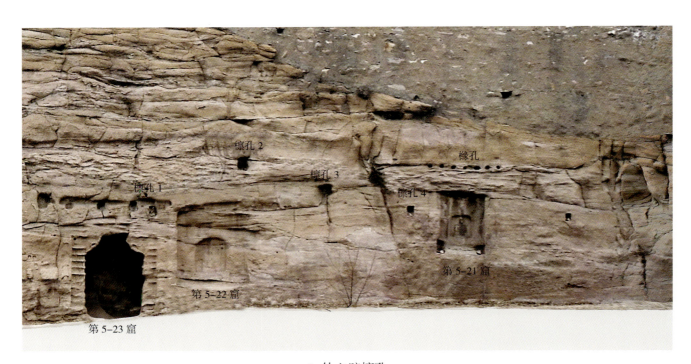

3. 外立壁檩孔

彩版一三〇　龙王庙沟西侧窟前僧房遗址 F3

1. 板瓦 1987DYLT171 ③: 6

2. 板瓦 1987DYLT171 ③: 4

3.Bb 型檐头板瓦 1987DYLTG1 ③: 4

4.Bb 型檐头板瓦 1987DYLTG1 ③: 8

5.B 型筒瓦 1987DYLT181 ③: 9

6.B 型筒瓦 1987DYLT177 ③: 6

彩版一三一　龙王庙沟西侧窟前僧房遗址 F3 出土辽金时期建筑材料

1.Bd 型兽面纹瓦当 1987DYLTG1 ③：7

2.Bd 型兽面纹瓦当 1987DYLTG1 ③：9

3.Bd 型兽面纹瓦当 1987DYLTG1 ③：10

4.Bd 型兽面纹瓦当 1987DYLTG1 ③：11

5.龙纹瓦当 1987DYLT166 ③：4

彩版一三二　龙王庙沟西侧窟前僧房遗址 F3 出土辽金时期建筑材料

1. 压带条 1987DYLTG1 ③: 5

2. 压带条 1987DYLTG1 ③: 12

3. 脊饰 1987DYLTG1 ③: 3

4. 脊饰 1987DYLF3 ③: 3

5. 泥背烧土块 1987DYLT181 ③: 15 ～ 17

彩版一三三　龙王庙沟西侧窟前僧房遗址 F3 出土辽金时期建筑材料

1.Aa 型卷沿陶盆 1987DYLT171 ③：7

2.Ac 型卷沿陶盆 1987DYLT167 ③：6

3.Ac 型卷沿陶盆 1987DYLF3 ③：5

4. 灰陶小碗 1987DYLT177 ③：16

5. 陶盏托 1987DYLT171 ③：2

6. 陶壶 1987DYLT167 ③：5

彩版一三四　　龙王庙沟西侧窟前僧房遗址 F3 出土辽金时期陶器

1.1987DYLT166③:6   2.1987DYLT166③:6

3.1987DYLT167③:8

4.1987DYLT167③:8   5.1987DYLT181③:5

彩版一三五　龙王庙沟西侧窟前僧房遗址 F3 出土辽金时期澄泥砚

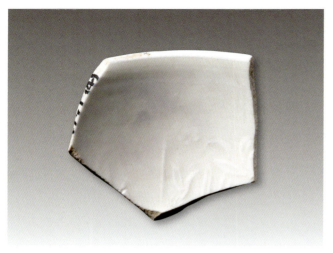

1.Aa 型白釉碗 1987DYLT171 ③: 22

2.Aa 型白釉碗 1987DYLT171 ③: 17

3.Aa 型白釉碗 1987DYLT171 ③: 18

4.Ab 型白釉碗 1987DYLT177 ③: 8

5.Ab 型白釉碗 1987DYLT172 ③: 1

6.Ab 型白釉碗 1987DYLT171 ③: 21

彩版一三六　龙王庙沟西侧窟前僧房遗址 F3 出土辽金时期白釉碗

1.Ab 型白釉碗 1987DYLT171 ③：13

2.Ab 型白釉碗 1987DYLT172 ③：7

3.Ab 型白釉碗 1987DYLT172 ③：8

4.Ab 型白釉碗 1987DYLT176 ③：3

5.Ab 型白釉碗 1987DYLT177 ③：15

6.Ab 型白釉碗 1987DYLT181 ③：12

彩版一三七　龙王庙沟西侧窟前僧房遗址 F3 出土辽金时期白釉碗

1.B 型白釉碗 1987DYLT171 ③：1

2.B 型白釉碗 1987DYLT171 ③：12

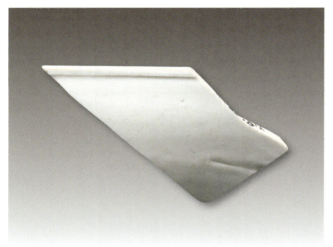

3.B 型白釉碗 1987DYLT181 ③：11

4.A 型白釉碗底 1987DYLT172 ③：2

5.A 型白釉碗底 1987DYLT171 ③：14

6.A 型白釉碗底 1987DYLT171 ③：19

彩版一三八　龙王庙沟西侧窟前僧房遗址 F3 出土辽金时期白釉碗

1.A 型白釉碗底 1987DYLT176 ③: 4

2.A 型白釉碗底 1987DYLT181 ③: 13

3.A 型白釉碗底 1987DYLT181 ③: 14

4.A 型白釉碗底 1987DYLT177 ③: 9

5.A 型白釉碗底 1987DYLT171 ③: 20

6.B 型白釉碗底 1987DYLT172 ③: 3

彩版一三九　龙王庙沟西侧窟前僧房遗址 F3 出土辽金时期白釉碗

1.B 型白釉碗底 1987DYLT177 ③：10

2.B 型白釉碗底 1987DYLT181 ③：1

3.B 型白釉碗底 1987DYLT176 ③：5

4.C 型白釉碗底 1987DYLT172 ③：4

5.C 型白釉碗底 1987DYLT171 ③：16

6. 白釉碗腹片 1987DYLT177 ③：1

彩版一四〇　龙王庙沟西侧窟前僧房遗址 F3 出土辽金时期白釉碗

1.A 型白釉盏 1987DYLT171 ③：15

2.A 型白釉盏 1987DYLT171 ③：3

3.A 型白釉盏 1987DYLT171 ③：9

4.A 型白釉盏 1987DYLT171 ③：11

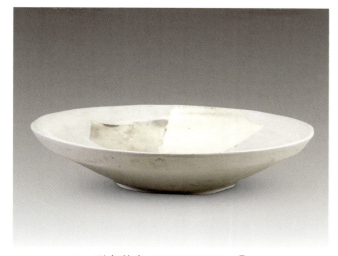

5.A 型白釉盘 1987DYLT181 ③：19

6.A 型白釉盘 1987DYLT177 ③：17

彩版一四一　　龙王庙沟西侧窟前僧房遗址 F3 出土辽金时期白釉瓷器

1. 白釉枕 1987DYLT167 ③：7

2. 白釉枕 1987DYLT167 ③：3

3. 白釉枕 1987DYLT167 ③：4

4. 白釉器盖 1987DYLT172 ③：5

5. 白釉罐 1987DYLT181 ③：3

6. 白釉罐 1987DYLT171 ③：23

彩版一四二　龙王庙沟西侧窟前僧房遗址 F3 出土辽金时期白釉瓷器

1. 茶叶末釉瓶 1987DYLT166 ③: 2

2. 酱釉盏 1987DYLT176 ③: 20

3. 酱釉盏 1987DYLT176 ③: 2

4. 酱釉瓶 1987DYLT181 ③: 18

彩版一四三　龙王庙沟西侧窟前僧房遗址 F3 出土辽金时期瓷器

1. 酱釉罐 1987DYLT181 ③: 7

2. 绿釉罐 1987DYLT166 ③: 8

3. 绿釉罐 1987DYLT166 ③: 7

彩版一四四　龙王庙沟西侧窟前僧房遗址 F3 出土辽金时期瓷器

1. 黑釉碗 1987DYLT166 ③: 1

2. 黑釉碗 1987DYLT177 ③: 2

3. 黑釉碗 1987DYLT177 ③: 7

4. 黑釉碗 1987DYLT177 ③: 11

5. 黑釉碗 1987DYLT177 ③: 12

6. 黑釉盏 1987DYLT162 ③: 1

彩版一四五　龙王庙沟西侧窟前僧房遗址 F3 出土辽金时期黑釉瓷器

1. 黑釉罐 1987DYLT171 ③: 5

2. 太平通宝 1987DYLT166 ③: 3、景德元宝 1987DYLT171 ③: 8、天禧通宝 1987DYLT166 ③: 9（从左至右）

3. 黑釉器盖 1987DYLT172 ③: 6

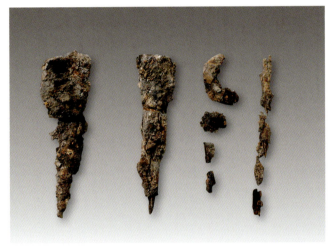

4. 铁钉 1987DYLT177 ③: 4、5、不明铁器 1987DYLT177 ③: 8（从左至右）

5. 石球 1987DYLT166 ③: 5

6. 石扣 1987DYLT167 ③: 9

彩版一四六　龙王庙沟西侧窟前僧房遗址 F3 出土辽金时期遗物

1.Ba 型檐头板瓦 1987DYL ② C：2

2.Ba 型檐头板瓦 1987DYL ② C：56

3.A 型檐头筒瓦 1987DYL ② C：41

4.Bd 型檐头筒瓦 1987DYL ② C：1

5.Bd 型檐头筒瓦 1987DYL ② C：58

6. 砖斗 1987DYL ② C：40

彩版一四七　龙王庙沟西侧窟前地层出土辽金时期建筑材料

1. 脊饰 1987DYL ② C：64

2. 脊饰 1987DYL ② C：65

3. 脊饰 1987DYL ② C：66

4.Aa 型卷沿陶盆 1987DYL ② C：3

5. 陶砚 1987DYL ② C：8

6. 陶砚 1987DYL ② C：9

彩版一四八　龙王庙沟西侧窟前地层出土辽金时期遗物

1.Aa 型白釉碗 1987DYL ② C：11

2.Ab 型白釉碗 1987DYL ② C：26

3.Ab 型白釉碗 1987DYL ② C：67

4.Ab 型白釉碗 1987DYL ② C：68

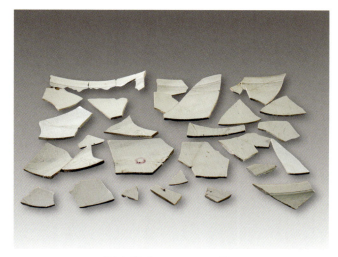

5.Ab 型白釉碗 1987DYL ② C：15

6.B 型白釉碗 1987DYL ② C：10

彩版一四九　龙王庙沟西侧窟前地层出土辽金时期白釉瓷器

1.A 型白釉盘 1987DYL ② C：13

2. 白釉瓶 1987DYL ② C：16

3. 白釉罐 1987DYL ② C：14

4. 白釉褐彩碗底 1987DYL ② C：38

5. 白釉褐彩罐 1987DYL ② C：18

6. 黑釉瓶底 1987DYL ② C：20

彩版一五〇　龙王庙沟西侧窟前地层出土辽金时期瓷器

1. 青釉碗 1987DYL ② C：35

2. 青釉盘 1987DYL ② C：24

3. 黑釉盏 1987DYL ② C：62

4. 黑釉盏 1987DYL ② C：63

5. 黑釉瓶 1987DYL ② C：39

6. 复色釉罐 1987DYL ② C：22

彩版一五一　龙王庙沟西侧窟前地层出土辽金时期瓷器

1.Ab 型白釉碗 1987DYL ② C：26

2. 白釉碗腹片 1987DYL ② C：28

3.A 型白釉碗底 1987DYL ② C：27

4.Aa 型白釉褐彩碗 1987DYL ② C：30

5.B 型白釉褐彩碗 1987DYL ② C：29

6.B 型白釉褐彩碗 1987DYL ② C：44

7. 酱釉罐 1987DYL ② C：32

8. 石钵 1987DYL ② C：73

彩版一五二　龙王庙沟西侧窟前地层出土明清时期遗物

1.Aa 型白釉碗 1994K5-30：2

2.Aa 型白釉碗 1994K5-30：25

3.Aa 型白釉碗 1994K5-30：26

4.Aa 型白釉碗 1994K5-30：27

5.Aa 型白釉碗 1994K5-30：28

6.B 型白釉碗 1994K5-30：1

彩版一五三　第 5-30 窟内出土辽金时期白釉碗

1.A 型白釉碗底 1994K5-30：32

2.B 型白釉碗底 1994K5-30：4

3. 白釉盏 1994K5-30：5

4. 白釉盘 1994K5-30：6

5. 白釉盆 1994K5-30：7

6. 青釉碗 1994K5-30：12

彩版一五四　第 5–30 窟内出土辽金时期瓷器

1.B 型白釉碗 1994K5-30：13

2.A 型白釉碗底 1994K5-30：16

3.B 型白釉褐彩碗 1994K5-30：17

4.B 型白釉褐彩碗 1994K5-30：17

5. 茶叶末釉罐 1994K5-30：21

6. 黑釉盏 1994K5-30：18 ～ 24

彩版一五五　第 5-30 窟内出土明清时期瓷器

1.Ab 型板瓦 2007T1 ③：13

2.Ab 型板瓦 2007T1 ③：17

3. 板瓦 2007T1 ③：12

4. 板瓦 2007T1 ③：21

5. 板瓦 2007T1 ③：18

6. 板瓦 2007T1 ③：4

彩版一五六　第 5、6 窟前地层出土北魏时期建筑材料

1.B 型筒瓦 2007T1 ③：10

2.B 型筒瓦 2007T1 ③：16

3.A 型"传祚无穷"瓦当 2007T1 ③：1

4.A 型"传祚无穷"瓦当 1986 采：2

5.B 型兽面纹瓦当 2007T1 ③：2

6. 石板 1986 采：1

彩版一五七　第 5、6 窟前出土、采集北魏时期建筑材料

1. 坐佛像 2007T2 ①: 10

2. 坐佛像 2007T2 ①: 11

3. 千佛小龛 2015 采: 3

4. 供养人像 2015 采: 2

5. 宝盖残件 2007T2 ①: 12

6. 忍冬纹刻石 2007T2 ①: 6

彩版一五八　第 5、6 窟前出土、采集北魏时期石雕造像

1. 屋檐残件 2007T2 ①: 13

2. 屋檐残件 2015 采: 1

3. 屋檐残件 2015 采: 4

4. 其他残件 2007T2 ①: 7

5. 其他残件 2007T1 ①: 4

6. 石磨盘 2007T2 ①: 9

彩版一五九　第 5、6 窟前出土、采集北魏时期石雕遗物

1.C 型沟纹长条砖 2007T1 ①：8

2.A 型沟纹方砖 2007T1 ②：1

3.B 型筒瓦 2007T1 ①：19

4. 灰陶盆底 2007T1 ①：4

5. 茶叶末釉罐 2007T1 ①：7

6. 黑釉鸡腿瓶 2007T1 ①：5

彩版一六〇　第 5、6 窟前地层出土辽金时期遗物

1. 方砖 2007T1 ①：14

2. 莲花纹瓦当 2007T1 ①：18

3. 兽面纹滴水 2007T1 ①：20

4. 鸱吻残件 2007T1 ①：16

5. 脊筒 2007T1 ①：9

6. 脊筒 2007T1 ①：10

彩版一六一　第 5、6 窟前地层出土明清时期建筑材料

1. 脊筒 2007T1 ①: 11

2. 脊筒 2007T1 ①: 12

3. 贴花装饰 2007T1 ①: 15

4. 其他构件 2007T1 ①: 13

5.Aa 型白釉碗 2007T2 ①: 2

6.Aa 型白釉碗 2007T1 ①: 3

彩版一六二　第 5、6 窟前地层出土明清时期遗物

1. 白釉褐彩碗 2007T1 ①: 2

2. 黑釉缸 2007T2 ①: 3

3. 青花碗底 2007T1 ①: 1

4. 石香炉 2007T1 ①: 21

5. 石香炉 2007T1 ①: 21

6. 石器 1986 采: 3

彩版一六三　2007 年第 5、6 窟前出土、采集明清时期遗物

1.FD1（由北向南）

2.FD1（由南向北）

3.FD2（由北向南）

4.FD3（由北向南）

5.FD4（由南向北）

6.FD5（由南向北）

彩版一六五　第7、8窟前方形柱洞

1.D6（由东向西）

2.D7（由东向西）

3.D8（由东向西）

4.D9（由南向北）

5.D10（由东向西）

6.D11（由西向东）

7.D12（由南向北）

8.D13（由东向西）

彩版一六六　第 7、8 窟前柱洞

1.D15（由南向北）

2.D16（由东向西）

3.D17（由东向西）

4.D18（由东向西）

5.D19（由东向西）

6.D20（由东向西）

7.D21（由东向西）

8.D22（由南向北）

彩版一六七　第 7、8 窟前柱洞

1.D23（由东向西）

2.D24（由东向西）

3.D24 清理后（由东向西）

4.D25（由东向西）

5.D26（由南向北）

6.D27 内填土（由西向东）

7.D27（由西向东）

8.D28（由东向西）

彩版一六八　第 7、8 窟前柱洞

1.1938 年以前第 9 ～ 13 窟外景（由东南向西北）

2.20 世纪 70 年代第 9 ～ 12 窟维修后（由西南向东北）

彩版一六九　第 9 ～ 13 窟外景

彩版一七〇　第 9、10 窟前发掘前原貌（由东南向西北）

1.发掘探方（由东向西）

2.发掘探方（由西向东）

彩版一七一 第9、10窟前发掘探方

1.X4 ～ X8、辽金 X2 ～ X5、辽金 X9 ～ X11、辽金 X14（由西南向东北）

2.X3 ～ X8、辽金 X2 ～ X5、辽金 X7 ～ X14（由东向西）

彩版一七二　第 9、10 窟前北魏、辽金时期建筑遗迹

1. 团形莲花 1 局部（由北向南）

2. 团形莲花 2 局部（由西向东）

3. 团形莲花 2 局部（由北向南）

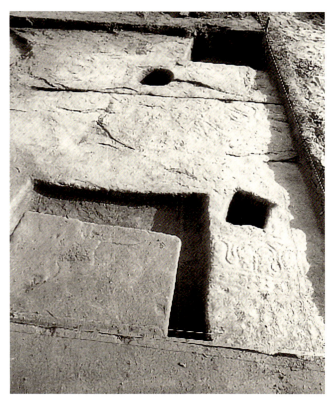

4. 团形莲花 3 局部（由北向南）

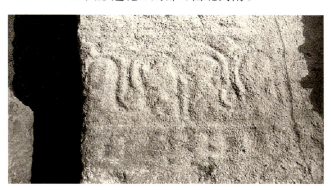

5. 团形莲花 3 北侧边框（由北向南）

彩版一七三　第 9、10 窟前北魏时期铺装地面

1. 团形莲花4局部（由北向南）

2. 团形莲花4西侧最外层（由东向西）

3. 团形莲花4东侧外面两层（由西向东）

4. 团形莲花4西侧补石莲瓣（由北向南）

5. 西塔基座周围莲瓣纹（由南向北）

1. 甬道 4 南侧联珠、莲瓣局部（由北向南）

2. 甬道 4 南侧联珠、莲瓣局部（由北向南）

3. 甬道 4 南侧联珠、莲瓣局部（由北向南）

4. 甬道 4 南侧联珠、莲瓣局部（由北向南）

5. 甬道 4 南侧联珠、莲瓣局部（由北向南）

6. 甬道 4 南侧联珠、莲瓣局部（由北向南）

7. 甬道 5 南侧联珠、莲瓣局部（由北向南）

彩版一七五　第 9、10 窟前北魏时期铺装地面

1. 第 9 窟东梢间甬道 6（由北向南）

2. 第 9 窟明间甬道 7（由东向西）

3. 第 9 窟西梢间甬道 8（由东向西）

4. 第 10 窟东梢间甬道 9（由东向西）

5. 第 10 窟明间甬道 10（由西向东）

6. 第 10 窟西梢间甬道 11（由西向东）

彩版一七六　第 9、10 窟前室列柱之间北魏时期甬道铺装地面

1. 地面补石1（由南向北）

2. 地面补石2局部（由南向北）

3. 地面补石2局部（由北向南）

4. 地面补石3（由西向东）

5. 地面补石4（由南向北）

6. 地面补石5（由北向南）

彩版一七七　第9、10窟前北魏时期地面补石

2. 台基与踏道（由西南向东北）

1. 台基与踏道（由东南向西北）

彩版一七八　第 9、10 窟前北魏时期台基与踏道遗迹

1. 东侧包石台基局部遗迹（由南向北）

2. 东侧包石台基局部遗迹（由南向北）

3. 东侧包石台基局部遗迹（由南向北）

4. 东侧包石台基局部遗迹（由南向北）

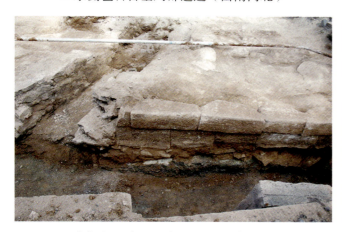
5. 东侧包石台基局部遗迹（由南向北）

6. 东侧包石台基磕绊砌法（由南向北）

彩版一七九　第 9、10 窟前北魏时期台基与踏道遗迹

1.西侧包石台基局部遗迹（由南向北）

2.西侧包石台基局部遗迹（由南向北）

3.西侧包石台基局部遗迹（由南向北）

4.台基东侧与踏道关系（由东向西）

5.西侧包石台基局部
遗迹（由西南向东北）

彩版一八〇　第9、10窟前北魏时期台基与踏道遗迹

1. 千佛残像 1992T616 ①: 1

2. 忍冬纹石刻 1992T535 ②: 1

3. 塔檐残件 1992T539 ②: 1

彩版一八一　第9、10窟前地层出土北魏时期石雕石刻残件

1.X1（由南向北）

2.X3（由东向西）

彩版一八二　第 9、10 窟北魏洞窟开凿之后到辽金时期以前窟前建筑柱穴、柱洞

1.X3（由北向南）

2.X4（由东向西）

3.X5（由北向南）

4.X6（由西向东）

5.X7（由南向北）

6.X8（由南向北）

彩版一八三　第 9、10 窟北魏洞窟开凿之后到辽金时期以前窟前建筑柱穴、柱洞

2. 梁孔 L2 至 L8（由西南向东北）

1. 梁孔 L2 至 L5（由南向北）

彩版一八四　第 9、10 窟北魏洞窟开凿之后到辽金时期以前窟前建筑梁孔

1. 辽金 X1（由西南向东北）

2. 辽金 X15（由东南向西北）

3. 辽金 X2（由南向北）

彩版一八五　第 9、10 窟辽金时期窟前建筑柱穴

1. 辽金 X3（由南向北）

2. 辽金 X3 与柱础石 1（由南向北）

3. 辽金 X4 与柱础石 2（由西向东）

彩版一八六　第 9、10 窟辽金时期窟前建筑柱穴与柱础石

1. 辽金 X7（由南向北）

2. 辽金 X8（由南向北）

3. 辽金 X9（由南向北）

彩版一八七　第 9、10 窟辽金时期窟前建筑柱穴

1. 辽金 X11（由北向南）

2. 辽金 X10、X13（由南向北）

3. 辽金 X14（由南向北）

彩版一八八　第 9、10 窟辽金时期窟前建筑柱穴

1. 第 1 片铺砖地面局部（由东向西）　　　　　　2. 第 2 片铺砖地面（由南向北）

3. B 型沟纹方砖 1992T614 ②：1　　　　　　4. A 型沟纹方砖 1992T612 ②：1

5. A 型沟纹方砖 1992T612 ②：2　　　　　　6. B 型长条砖 1992T612 ②：3

彩版一八九　　第 9、10 窟辽金时期窟前建筑铺砖地面与出土遗物

1. 第 3 片铺砖地面（由东向西）

2. 第 4 片铺砖地面（由南向北）

3. 第 5 片铺砖地面（由南向北）

彩版一九〇　第 9、10 窟辽金时期窟前建筑铺砖地面

2. 台基与散水特写（由东向西）

1. 台基与散水（由东向西）

3. 前室窟顶平台梁槽（由东南向西北，2013 年）

彩版一九一　第 9、10 窟前辽金时期遗迹

1. 辽金 L2　　　　　2. 辽金 L3　　　　　3. 辽金 L4

4. 辽金 L5　　　　　5. 辽金 L6

彩版一九二　　第 9、10 窟前室窟顶平台辽金时期梁槽遗迹

1. 白釉碗 2013J1：3

2. 茶叶末釉缸 2013J1：17

3. 茶叶末釉缸 2013J1：18

4. 黑釉罐 2013J1：9

5. 黑釉缸 2013J1：12

6. 黑釉缸 2013J1：13

彩版一九三　第 9、10 窟前水井出土明清时期瓷器

1. 青花碗 1992T534 ①：2

2. 青花碗 1992T534 ①：3

3. 青花碗 2013J1：6

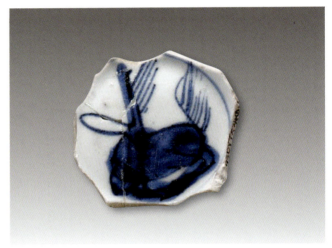

4. 青花杯 1992T534 ①：1

5. 青花器盖 2013J1：8

6. 宣统通宝 1992T538 ①：1

彩版一九四　第 9、10 窟前出土明清时期遗物

1.20 世纪 20 年代第 11 ～ 13-4 窟前面貌

2.1940 年日本学者在第 12 窟前发掘的探沟

彩版一九五　20 世纪 20、40 年代第 11 ～ 13-4 窟前

1.1992 年第 11 ～ 13-4 窟
前考古发掘

2.1992 年第 11 ～第 13-4 窟发掘前地面

彩版一九六　第 11 ～ 13-4 窟前考古发掘

彩版一九七　第 11 ～ 13-4 窟前柱穴与柱洞（由西向东）

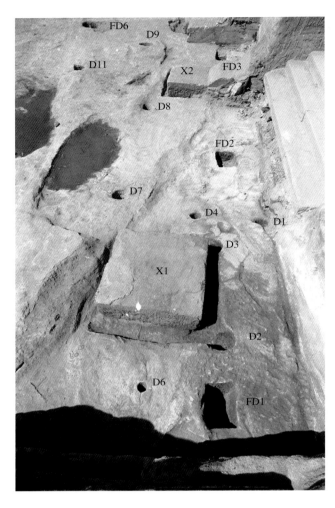

1. 第 11 窟门外辽金 X1、
X2 及柱洞（1992T611、
1992T610，由东向西）

2. 第 11 窟前柱洞

彩版一九八　第 11 窟门外辽金 X1、X2 及柱洞

1.FD8（第 12 窟前 1992T608，由南向北）

2.FD9（第 11 窟前 1992T533，由南向北）

彩版一九九　第 11、12 窟前长方形柱洞

1.FD19（第13-4窟前 1992T604，由北向南）

2.第12窟前长方形柱洞

彩版二〇〇　第 11 ～ 13-4 窟前长方形柱洞

1. 甲类 Aa 型板瓦 1992T525 ③ A：2

2. 甲类 A 型筒瓦 1992T525 ③ A：3

3. 甲类 A 型筒瓦 1992T525 ③ A：5

4. 甲类 B 型莲花建筑饰件 1992T525 ①：2

5. 丙类 Aa 型板瓦 1992T529 ①：4

6. 铁凿 1992T533 ④：1

彩版二〇一　第 11 ～ 13-4 窟前地层出土北魏时期建筑材料

1. 石雕菩萨身像 1992T604 ② A：10

2. 乙类 C 型瓦当 1992T427 ④：1

彩版二〇二　第 11 ～ 13-4 窟前地层出土北魏时期遗物

1. 甲类筒瓦 2013 窟前采：1

2. 甲类筒瓦 2013 窟前采：307

3. 乙类 Aa 型板瓦 2013 窟前采：236

4. 乙类 Aa 型板瓦 2013 窟前采：233

5. 乙类 Aa 型板瓦 2013 窟前采：235

6. 乙类 Aa 型板瓦 2013 窟前采：10

彩版二〇三　第 11 ～ 13-4 窟前采集北魏时期建筑材料

1. 乙类 A 型筒瓦 2013 窟前采: 5

2. 乙类 B 型筒瓦 2013 窟前采: 3

3. 乙类 B 型筒瓦 2013 窟前采: 256

4. "传祚无穷" 檐头筒瓦 2013 窟前采: 237

5. A 型 "传祚无穷" 檐头筒瓦 2013 窟前采: 238

6. Aa 型莲花建筑饰件 2013 窟前采: 239

彩版二〇四　第 11 ～ 13-4 窟前采集北魏时期建筑材料

1.Ba 型陶盆 2013 窟前采：276

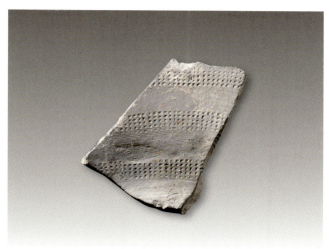

2.Ba 型方格纹陶盆 2013 窟前采：278

3.Ba 型方格纹陶盆 2013 窟前采：277

4.A 型陶罐 2013 窟前采：279

5. 陶罐 2013 窟前采：305

6. 陶钵 2013 窟前采：280

彩版二〇五　第 11 ～ 13-4 窟前采集北魏时期遗物

1. 筒瓦

2. 石磨盘 2013 探沟采：203

3. 石夯 2013 探沟采：517

4. 石夯 2013 探沟采：218

5. 石夯 2013 探沟采：219

6. 石夯 2013 探沟采：220

彩版二〇六　第 12 窟前探沟采集北魏时期遗物

彩版二〇七 第 11 ～ 13-4 窟辽金时期窟前建筑北排柱穴与柱础石
（由西向东，员小中摄，2013 年）

1. 第 11、12 窟门两侧辽金柱穴 X1 ～ X3

2. 第 11 窟前窟门外东侧辽金柱穴 X1（T611，由南向北）

彩版二〇八　第 11 ～ 13–4 窟辽金时期窟前建筑北排柱穴与柱础石

1. 第 11 窟前窟门外东侧辽金柱穴 X1（由西南向东北，员小中摄，2013 年）

2. 第 11 窟门外西侧辽金柱穴 X2（由南向北，2013 年摄）

彩版二〇九　第 11 ~ 13-4 窟辽金时期窟前建筑北排柱穴与柱础石

1. 第 12 窟门外东侧柱穴 X2、X3（由南向北）

2. 第 12 窟门外东侧柱穴 X3（1992T608，由南向北）

彩版二一〇　第 11 ～ 13-4 窟辽金时期窟前建筑北排柱穴与柱础石

1. 第 12 窟门外东侧柱穴 X3（由南向北，员小中摄，2013 年）

2. 第 12 窟门外西侧柱穴 X4（由南向北，员小中摄，2013 年）

3. 第 13 窟门外东侧柱穴 X5（由南向北，员小中摄，2013 年）

4. 第 11 窟前南部柱穴 X7（由南向北）

彩版二一一　第 11 ～ 13-4 窟辽金时期窟前建筑北排柱穴与柱础石

1. 第 13-4 窟前柱穴 X9（T605 由北向南）

2. 第 13-4 窟前柱穴 X10（T526 由西向东）

3. 第 13-4 窟前柱穴 X11（T603 由北向南）

彩版二一二　第 13-4 窟辽金时期窟前建筑南排柱穴

彩版二一三　第 13-4 窟辽金时期窟前建筑南排柱穴 X9 ～ X11（由西向东）

1. 第 1 片铺砖地面东部（1992T611，由南向北）

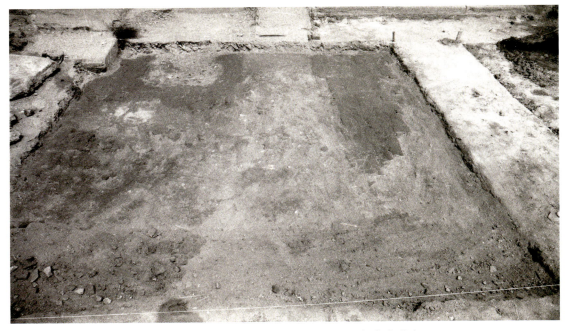

2. 第 1 片铺砖地面西部（1992T610，由南向北）

彩版二一四　第 11 ～ 13-4 窟辽金时期窟前建筑铺砖地面

1. 第 2 片铺砖地面（1992T608，由南向北）

2. 第 5 片铺砖地面东部（1992T605，由南向北）

1. 第 6 片铺砖地面（1992T604，由南向北）

铺砖地面

2. 第 7 片铺砖地面（1992T527，由南向北）

彩版二一六　第 11 ～ 13-4 窟辽金时期窟前建筑铺砖地面

1. 第 7 片铺砖地面（1992T603，由南向北）　　　　2. 第 7 片铺砖地面（1992T525，由西向东）

3. 第 7 片铺砖地面（1992T526，由南向北）

彩版二一八　第 11 ～ 13-4 龛外立壁辽金时期深孔正射影像图（云冈研究院数字化保护中心提供）

1.A 型长条砖 1992T603 ③ B：1　　　2.B 型长条砖 1992T603 ③ B：2　　　3.C 型长条砖 1992T526 ③ B：6

4.D 型长条砖 1992T603 ③ B：14　　　　　　5."官"字长条砖 1992T526 ③ B：1

6.A 型方砖 1992T603 ③ B：16　　　7.B 型方砖 1992T603 ③ B：15　　　8.B 型方砖 1992T603 ③ B：17

彩版二一九　第 11 ～ 13-4 窟前建筑出土辽金时期建筑材料

1. 北魏石雕供养天头像 1992T526 ③ D：2

2. 北魏石雕手臂 1992T526 ③ D：1

3. 北魏石雕龛楣 1992T525 ③ D：2

4. 北魏石雕璎珞 1992T603 ③ D：1

5. 北魏石雕莲花 1992T527 ③ D：1

6. 辽金时期 A 型灰陶筒瓦 1992T603 ③ C：19

彩版二二〇　第 11 ～ 13-4 窟前辽金建筑铺垫遗迹出土遗物

1.A 型平折沿陶盆 1992T525 ③ D：4

2.B 型平折沿陶盆 1992T528 ③ D：3

3.C 型平折沿陶盆 1992T528 ③ D：2

4.B 型敛口陶盆 1992T528 ③ D：4

5.素面陶罐 1992T528 ③ D：5

6.方格纹陶罐 1992T527 ③ D：3

彩版二二一　第 11 ～ 13-4 窟前辽金建筑铺垫遗迹出土辽金时期遗物

1.Aa 型檐头筒瓦 1992T525 ③ A：14

2.Aa 型檐头筒瓦 1992T525 ③ A：11

3.Aa 型檐头筒瓦 1992T525 ③ A：10

4.Aa 型檐头筒瓦 1992T525 ③ A：16

5.Aa 型檐头筒瓦 1992T525 ③ A：13

6.陶瓦当范 1992T532 ①：5

彩版二二四　第 11 ～ 13-4 窟前地层出土辽金时期建筑材料

1. 灰陶瓦条 1992T526 ①：3

2. 灰陶瓦条 1992T526 ①：4

3.Ba 型卷沿陶盆 1992T525 ② A：10

4.Ba 型卷沿陶盆 1992T532 ①：1

5.Ba 型卷沿陶盆 1992T532 ①：3

6.Ba 型卷沿陶盆 1992T532 ①：9

7.Bc 型卷沿陶盆 1992T526 ② A：5

8.Bc 型卷沿陶盆 1992T603 ② A：14

彩版二二五　第 11 ～ 13-4 窟前地层出土辽金时期遗物

1.Bc 型卷沿陶盆 1992T526 ② A：6

2.Bc 型卷沿陶盆 1992T526 ② A：7

3.Bc 型卷沿陶盆 1992T526 ② A：8

4.Bc 型卷沿陶盆 1992T603 ② A：9

5.Bd 型卷沿陶盆 1992T603 ② B：3

6.Bd 型卷沿陶盆 1992T532 ①：11

7.Bd 型卷沿陶盆 1992T532 ①：10

8.Bd 型卷沿陶盆 1992T528 ② A：7

彩版二二六　第 11 ～ 13-4 窟前地层出土辽金时期卷沿陶盆

1.C 型平折沿陶盆 1992T526 ② A：4

2. 陶盆底部 1992T529 ①：13

3. 陶盘 1992T526 ② A：9

4. 陶盘 1992T526 ② A：2

5. 陶罐 1992T526 ② A：3

彩版二二七　第 11 ～ 13-4 窟前地层出土辽金时期陶器

1.Aa 型白釉碗 1992T529 ①：6

2.Aa 型白釉碗 1992T529 ①：5

3.Aa 型白釉碗 1992T532 ①：4

4.Ab 型白釉碗 1992T532 ①：8

5.Ab 型白釉碗 1992T603 ② A：5

6.B 型白釉碗 1992T525 ② A：3

7.B 型白釉碗 1992T525 ② A：14

8.A 型白釉碗底足 1992T525 ①：4

彩版二二八　第 11 ～ 13-4 窟前地层出土辽金时期白釉碗

1.A 型白釉碗底足 1992T603 ② A：7

2.B 型白釉碗底足 1992T603 ② A：6

3.A 型白釉盘 1992T525 ② A：4

4. 白釉褐彩碗 1992T525 ② A：15

5. 白釉褐彩碗底 1992T603 ② A：10

6. 白釉褐彩碗底 1992T525 ② A：7

7. 白釉褐彩碗底 1992T525 ② A：16

8. 白釉褐彩罐腹部残片 1992T603 ② A：4

彩版二二九 第 11 ～ 13-4 窟前地层出土辽金时期瓷器

1. 白釉褐彩罐腹部残片 1992T604 ② A：5

2. 茶叶末釉碗底 1992T603 ①：2

3. 茶叶末釉罐 1992T603 ② A：3

4. 茶叶末釉罐 1992T529 ①：11

5. 黑釉碗 1992T603 ② B：2

6. 黑釉罐 1992T603 ② A：13

7. 黑釉罐 1992T610 ①：2

彩版二三〇　第 11 ～ 13-4 窟前地层出土辽金时期瓷器

1. 琉璃筒瓦 2013 窟前采：249、250、23、251

2. 瓦条 2013 窟前采：34

3. 沟纹砖 2013 窟前采：243

4. 琉璃脊饰 2013 窟前采：15

5.Ac 型卷沿陶盆 2013 窟前采：288

6. 附加堆纹陶罐残片 2013 窟前采：281

彩版二三一　第 11 ～ 13-4 窟前采集辽金时期遗物

1.B 型白釉碗 2013 窟前采：35

2.A 型白釉碗底 2013 窟前采：38

3.A 型白釉碗底 2013 窟前采：39

4.A 型白釉碗底 2013 窟前采：40

5.A 型白釉碗底 2013 窟前采：44

6.B 型白釉碗底 2013 窟前采：41

7.B 型白釉碗底 2013 窟前采：42

8. 白釉瓶底 2013 窟前采：47

彩版二三二　第 11 ～ 13-4 窟前采集辽金时期遗物

1. 茶叶末釉盏 2013 窟前采：194

2. 茶叶末釉瓶底 2013 窟前采：68

3. 茶叶末釉瓶底 2013 窟前采：67

4. 茶叶末釉盆底 2013 窟前采：199

5. 茶叶末釉缸 2013 窟前采：69

6. 茶叶末釉缸底 2013 窟前采：74

7. 复色釉瓶 2013 窟前采：170

8. 复色釉盆 2013 窟前采：169

彩版二三三　第 11 ～ 13-4 窟前采集辽金时期瓷器

1. 黑釉碗 2013 窟前采：58

2.A 型黑釉碗底 2013 窟前采：61

3.B 型黑釉碗底 2013 窟前采：60

4.B 型黑釉碗底 2013 窟前采：59

5. 黑釉盏 2013 窟前采：62

6. 黑釉盏 2013 窟前采：64

7. 黑釉瓶 2013 窟前采：84

8. 黑釉罐 2013 窟前采：83

彩版二三四　第 11 ～ 13-4 窟前采集辽金时期黑釉瓷器

1. 黑釉罐 2013 窟前采: 86

2. 黑釉盆 2013 窟前采: 89

3. 黑釉盆底 2013 窟前采: 96

4. 黑釉器盖 2013 窟前采: 81

5. 黑釉器盖 2013 窟前采: 189

6.A 型筒瓦 2013 探沟采: 1

彩版二三五　第 11 ～ 13-4 窟前采集辽金时期遗物

1. 白釉褐彩碗 2013 窟前采：51

2. 白釉褐彩碗 2013 窟前采：309

3. 白釉褐彩碗底 2013 窟前采：48

4. 白釉褐彩碗底 2013 窟前采：49

5. 白釉褐彩罐 2013 窟前采：53

6. 白釉褐彩罐 2013 窟前采：56

7. 白釉褐彩罐 2013 窟前采：55

8. 白釉褐彩器盖 2013 窟前采：52

1. 钧釉碗 2013 窟前采：231

2. 茶叶末釉罐底 1992T603 ①：5

3. 茶叶末釉罐底 2013 窟前采：95

4. 茶叶末釉罐底 2013 窟前采：196

5. 茶叶末釉缸 2013 窟前采：200

6. 黑釉碗 1992T603 ② B：2

7. 黑釉缸底 2013 窟前采：71

8. 黑釉缸底 2013 窟前采：72

彩版二三七　第 11 ～ 13-4 窟前地层出土、采集元代瓷器

1. 第 12 窟前 1992T530 的烟道及烟道旁的陶罐（由东向西）

2.1992T525 晚期铺砖地面与地炕遗迹关系（由南向北）

1.1992T526（由南向北）

2.1992T527（由南向北）

彩版二三九　第 11 ～ 13-4 窟前明清时期房屋遗迹

1. 灶坑 D27（1992T526，由东向西）

2. 灶坑（1992T605，由东向西）

1. 灶坑（1992T603，由南向北）

2. 灶坑（1992T603，由北向南）

彩版二四一　第 11 ～ 13-4 窟前明清时期遗迹

1. 陶罐 1992T526 ② A：1 及罐内铜钱、鹅卵石

2. 政和通宝 1992T526 ② A：10

3. 政和通宝 1992T526 ② A：10（背面）

4. 元丰通宝 1992T526 ② A：11

5. 元丰通宝 1992T526 ② A：11（背面）

6. 元丰通宝 1992T526 ② A：12

7. 元丰通宝 1992T526 ② A：12（背面）

彩版二四二　1992T526 陶罐及罐内铜钱

1. 陶罐 1992T604 ② A：1

2. 景德元宝 1992T604 ② A：5

3. 景德元宝 1992T604 ② A：5（背面）

4. 元丰通宝 1992T604 ② A：6

5. 元丰通宝 1992T604 ② A：6（背面）

6. 正隆元宝 1992T604 ② A：9

7. 正隆元宝 1992T604 ② A：9（背面）

彩版二四三　1992T604 陶罐及罐内铜钱

1. 陶罐 1992T530 ② A：1

2. 万历通宝 1992T530 ② A：2

3. 万历通宝 1992T530 ② A：2（背面）

4. 万历通宝 1992T530 ② A：6

5. 万历通宝 1992T530 ② A：6（背面）

彩版二四四　1992T530 陶罐及罐内铜钱

1.1992T525 砖坑内的扣鸡蛋瓷碗

2.B 型白釉碗 1992T525 ② A：9

3.Aa 型白釉褐彩碗 1992T525 ② A：11

彩版二四五　第 11 ～ 13-4 窟前砖坑内的瓷碗

1. 红陶像 1992T604 ② A：2

2. 红陶像 1992T604 ② A：2（背面）

3.Aa 型白釉碗 1992T604 ② A：4

4.A 型白釉碗底 1992T604 ② A：3

5. 青花盘底 1992T604 ② A：6

彩版二四六　第 11 ～ 13-4 窟前地层出土明清时期遗物

1. 兽面纹瓦当 1992T526 ①：2

2. 莲花纹瓦当 1992T526 ①：1

3. 灰陶脊饰 1992T426 ①：1

4. 灰陶脊饰 1992T529 ①：12

5. 陶罐 1992T603 ② B：4

6. 顶灯俑 1992T604 ①：2

1.Aa 型白釉碗 1992T529 ① : 8

2.Ab 型白釉碗 1992T525 ② A : 8

3.B 型白釉碗 1992T525 ② A : 2

4.B 型白釉碗 1992T525 ② A : 6

5.A 型白釉碗底 1992T603 ② A : 8

彩版二四八　第 11 ～ 13-4 窟前地层出土明清时期白釉碗

1.Aa 型白釉褐彩碗 1992T529 ①：2

2.Aa 型白釉褐彩碗 1992T529 ①：3

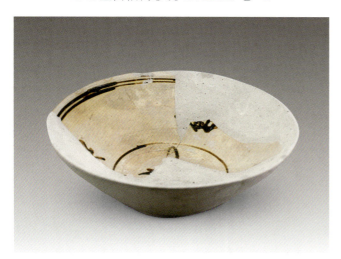

3.Aa 型白釉褐彩碗 1992T525 ② B：3

4.Aa 型白釉褐彩碗 1992T603 ② A：12

5.B 型白釉褐彩碗 1992T532 ①：6

6.B 型白釉褐彩碗 1992T532 ①：7

彩版二四九　第 11 ～ 13-4 窟前地层出土明清时期白釉褐彩碗

1.B 型白釉褐彩碗 1992T603 ①：3

2.B 型白釉褐彩碗 1992T525 ② B：1

3.B 型白釉褐彩碗 1992T603 ② A：11

4.A 型白釉褐彩碗底 1992T525 ② A：12

5.B 型白釉褐彩碗底 1992T603 ② B：1

6.C 型白釉褐彩碗底 1992T525 ② A：13

彩版二五〇　第 11 ～ 13-4 窟前地层出土明清时期瓷器

1. 茶叶末釉碗 1992T603 ①：2

2. 茶叶末釉罐 1992T525 ①：7

3. 黑釉瓶 1992T525 ② A：5

4. 黑釉罐 1992T610 ①：2

5. 黑釉罐 1992T603 ② A：15

6. 黑釉灯盏 1992T525 ①：1

彩版二五一　第 11 ～ 13-4 窟前地层出土明清时期瓷器

1. 青花碗 1992T603 ①: 8

2. 青花盏 1992T603 ①: 6

3. 青花盏 1992T603 ①: 7

4. 瓷塑 1992T525 ①: 6

5. 景德元宝 1992T531 ①: 2

6. 康熙通宝 1992T528 ② A：1

7. 民国二十文 1992T530 ② A：3

8. 民国二十文 1992T530 ② A：3（背面）

彩版二五二　第 11 ～ 13-4 窟前地层出土明清民国时期遗物

1. 灰陶板瓦 2013 窟前采: 257

2. 灰陶筒瓦 2013 窟前采: 19

3. 琉璃筒瓦 2013 窟前采: 244、248、24、33、247

4. 兽面纹瓦当 2013 窟前采: 255

5. 灰陶脊饰 2013 窟前采: 26

6. 琉璃脊饰 2013 窟前采: 252、25、253、254

彩版二五三　第 11 ～ 13-4 窟前采集明清时期建筑材料

1.Aa 型白釉碗 2013 窑前采: 135

2.Ab 型白釉碗 2013 窑前采: 111

3.B 型白釉碗 2013 窑前采: 113

4.B 型白釉碗 2013 窑前采: 98

5.B 型白釉碗 2013 窑前采: 127

6.B 型白釉碗 2013 窑前采: 130

彩版二五四　第 11 ～ 13-4 窑前采集明清时期遗物

1.A 型白釉碗底 2013 窟前采：114

2.A 型白釉碗底 2013 窟前采：139

3.B 型白釉碗底 2013 窟前采：192

4.B 型白釉碗底 2013 窟前采：154

5.B 型白釉碗底 2013 窟前采：156

6.C 型白釉碗底 2013 窟前采：160

彩版二五五　第 11 ～ 13-4 窟前采集明清时期白釉碗

1. 白釉杯 2013 窟前采: 164

2.Aa 型白釉褐彩碗 2013 窟前采: 173

3.B 型白釉褐彩碗 2013 窟前采: 171

4.A 型白釉褐彩碗底 2013 窟前采: 178

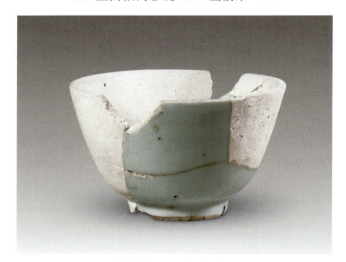

5. 青釉杯 2013 窟前采: 191

6. 青釉杯 2013 窟前采: 105

彩版二五六　第 11 ～ 13-4 窟前采集明清时期瓷器

1. 茶叶末釉碗底 2013 窟前采: 193

2. 茶叶末釉瓶底 2013 窟前采: 94

3. 茶叶末釉瓶底 2013 窟前采: 197

4. 茶叶末釉罐底 2013 窟前采: 93

5. 茶叶末釉罐底 2013 窟前采: 198

6. 茶叶末釉罐 2013 窟前采: 195

彩版二五七　第 11 ～ 13-4 窟前采集明清时期瓷器

1. 复色釉碗 2013 窟前采: 165

2. 复色釉碗底 2013 窟前采: 167

3. 黑釉盏 2013 窟前采: 63

4. 黑釉瓶 2013 窟前采: 190

5. 黑釉瓶底 2013 窟前采: 66

6. 黑釉罐 2013 窟前采: 187

彩版二五八　第 11 ～ 13-4 窟前采集明清时期瓷器

1. 黑釉罐 2013 窟前采：188

2. 黑釉罐底 2013 窟前采：92

3. 黑釉盆 2013 窟前采：65

4. 黑釉盆 2013 窟前采：85

5. 黑釉盆底 2013 窟前采：76

6. 黑釉盒 2013 窟前采：91

彩版二五九　第 11 ～ 13-4 窟前采集明清时期瓷器

1. 青花碗 2013 窟前采：217

2. 青花碗底 2013 窟前采：211

3. 青花碗底 2013 窟前采：213

4. 青花碗底 2013 窟前采：215

5. 青花碗 2013 窟前采：232

6. 青花碗 2013 窟前采：227

彩版二六〇　第 11 ～ 13-4 窟前采集明清时期瓷器

1. 青花杯 2013 窟前采：225

2. 青花杯 2013 窟前采：226

3. 青花杯底 2013 窟前采：229

4. 青花杯底 2013 窟前采：230

5. 青花杯 2013 窟前采：224

6. 青花碗 2013 窟前采：212

彩版二六一　第 11 ～ 13-4 窟前采集明清时期瓷器

1. 青花碗 2013 窟前采: 216

2. 青花碗底 2013 窟前采: 214

3. 素烧罐 2013 窟前采: 201

4. 素烧罐 2013 窟前采: 204

5. 素烧罐底 2013 窟前采: 205

6. 素烧罐底 2013 窟前采: 209

彩版二六二　第 11 ～ 13-4 窟前采集明清时期遗物

1. 琉璃瓦件 2013 探沟采: 564、567、563、566

2. 檐头筒瓦 2013 探沟采: 561

3. 灰陶脊筒子 2013 探沟采: 217

4. 灰陶脊筒子 2013 探沟采: 38

5. 灰陶垂兽 2013 探沟采: 220

6. 灰陶建筑材料 2013 探沟采: 529

彩版二六三　第 12 窟前探沟采集明清时期建筑材料

1. 灰陶建筑材料 2013 探沟采：537

2. 灰陶建筑材料 2013 探沟采：235

3. 灰陶建筑材料 2013 探沟采：528

4. 琉璃鸱吻 2013 探沟采：559

5. 琉璃鸱吻 2013 探沟采：554

6. 琉璃鸱吻 2013 探沟采：556

彩版二六四　第 12 窟前探沟采集明清时期建筑材料

1. 琉璃鸱吻 2013 探沟采: 558

2. 琉璃鸱吻 2013 探沟采: 557

3. 绿釉脊饰 2013 探沟采: 540

4. 绿釉脊饰 2013 探沟采: 541

5. 绿釉脊饰 2013 探沟采: 539

6. 砖雕斗栱 2013 探沟采: 547

彩版二六五　第 12 窟前探沟采集明清时期建筑材料

1.2013 探沟采集琉璃建筑饰件

2. 建筑饰件 2013 探沟采：549

3. 建筑饰件 2013 探沟采：552

4. 建筑饰件 2013 探沟采：548

彩版二六六　第 12 窟前探沟采集明清时期建筑材料

1.B 型白釉碗 1993K13-4：1

2.A 型白釉碗底 1993K13-4：34

3.A 型白釉碗底 1993K13-4：34

4. 白釉罐 1993K13-4：32

5. 白釉褐彩碗底 1993K13-4：33

彩版二六七　第 13-4 窟内出土金元时期遗物

1. 第 13-4 窟内房屋（由西向东北）

2. 第 13-4 窟内房屋（由东向西北）

3. 第 13-4 窟内房屋（俯视）

彩版二六八　第 13-4 窟内房屋遗迹

1. 白瓷碗与扣鸡蛋

2.Aa 型白釉碗 1993K13-4：5

3. 陶罐 1993K13-4：27

4. 陶香炉 1993K13-4：28

5. 陶火盖 1993K13-4：29

6.Aa 型白釉碗 1993K13-4：4

彩版二六九　第 13-4 窟内出土明清时期遗物

1.A 型白釉碗底 1993K13-4：35

2.B 型白釉碗底 1993K13-4：36

3. 白釉盘底 1993K13-4：2

4.Aa 型白釉褐彩碗 1993K13-4：15

5.A 型白釉褐彩碗底 1993K13-4：16

6.A 型白釉褐彩碗底 1993K13-4：19

彩版二七○　第 13-4 窟内出土明清时期瓷器

1.B 型白釉褐彩碗底 1993K13-4：17

2.B 型白釉褐彩碗底 1993K13-4：18

3. 茶叶末釉碗 1993K13-4：20

4. 茶叶末釉瓶 1993K13-4：24

5. 黑釉瓶底 1993K13-4：26

6. 黑釉罐 1993K13-4：22

彩版二七一 第 13-4 窟内出土明清时期瓷器

1. 黑釉罐 1993K13-4：21

2. 黑釉罐底 1993K13-4：23

3. 黑釉罐底 1993K13-4：25

4. 青花碗 1993K13-4：37

5. 青花碗 1993K13-4：13

6. 青花碗 1993K13-4：14

彩版二七二　第 13-4 窟内出土明清时期瓷器

1. 青花碗 1993K13-4：38

2. 青花碗 1993K13-4：39

3. 青花碗 1993K13-4：12

4. 青花碗 1993K13-4：10

5. 青花碗 1993K13-4：11

6. 青花碗底 1993K13-4：7

彩版二七三　第 13-4 窟内出土明清时期青花碗

1. 青花碗底 1993K13-4：8

2. 青花碗底 1993K13-4：9

3. 青花杯底 1993K13-4：40

4. 乾隆通宝 1993K13-4：30

5. 道光通宝 1993K13-4：31

6. 道光通宝 1993K13-4：31 （背面）

彩版二七四　第 13-4 窟内出土明清时期遗物

1. 第 13-5 窟

2. 第 13-5 窟内石台

3. 第 13-5 窟内石台

彩版二七五　第 13-5 窟内遗迹

1. 陶盆 1993K13-5：10

2.Ab 型白釉碗 1993K13-5：9

3.B 型白釉碗 1993K13-5：1

4. 豆青釉碗 1993K13-5：3

5. 茶叶末釉盏 1993K13-5：6

6. 复色釉碗底 1993K13-5：5

彩版二七六　第 13-5 窑内出土明清民国时期遗物

1. 黑釉罐 1993K13-5：7

2. 黑釉罐 1993K13-5：8

3. 青花碗底 1993K13-5：4

4. 青花瓶 1993K13-5：2

彩版二七七　第 13-5 窟内出土明清民国时期瓷器

1.Bd 型卷沿陶盆 1993K13-13：24

4. 三彩瓶 1993K13-13：38

2. 陶盆 1993K13-13：23

5. 三彩瓶 1993K13-13：38

3. 钧釉盘 1993K13-13：37

6. 三彩瓶 1993K13-13：38

彩版二七八　第 13-13 窟内出土辽金元时期遗物

1. 条砖 1993K13-13：21

2. 当勾 1993K13-13：22

3.Aa 型白釉碗 1993K13-13：10

4.Aa 型白釉碗 1993K13-13：12

5.B 型白釉碗 1993K13-13：9

6.A 型白釉碗底 1993K13-13：11

彩版二七九　第 13-13 窟内出土明清民国时期遗物

1. 茶叶末釉盏 1993K13-13：14

2. 茶叶末釉盏 1993K13-13：15

3. 黑釉盏 1993K13-13：13

4. 青花碗 1993K13-13：17

5. 青花碗 1993K13-13：18

6. 青花碗 1993K13-13：5

彩版二八〇　第 13-13 窟内出土明清民国时期遗物

1. 青花碗 1993K13-13：6

2. 青花碗 1993K13-13：7

3. 青花碗底 1993K13-13：2

4. 青花碗底 1993K13-13：2

5. 青花碗 1993K13-13：4

6. 青花杯 1993K13-13：19

彩版二八一　第 13-13 窟内出土明清民国时期遗物

1. 青花杯底 1993K13-13：3

2. 青花杯 1993K13-13：8

3. 青花杯 1993K13-13：8

4. 青花盘 1993K13-13：1

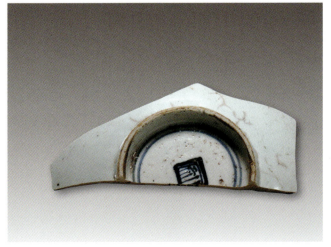

5. 青花盘底 1993K13-13：1

彩版二八二　第 13-13 窟内出土明清民国时期遗物